luminosity

念轉運就轉17
覺察生命的修行力

覺察生命，堅持修行真善
珍惜生命，活在當下修行
感恩生命，成就人間苦行
改變生命，面對人生課題

暢銷作家 黃子容 著

覺察生命的修行力

黃子容

出版這本書，主要是希望大家可以覺察到自我意識與想法，從修行的角度上來反省自我，進而檢討，以期增加自己在此生的修行力。

既然我們都有一個共同的目標——努力覺察生命的修行力，全心全意在修行上，以期未來可以跟著菩薩回家，所以，我們就應該更加努力去覺察自己的生活，更加精進、努力的完成今生的課題。

自我覺察，先有感覺上與感受上的深刻體驗，進而發現、了解自我內心真實的需要。

我們的覺察要從生活中做起，仔細去感受周遭的一切，能夠努力的，絕不放棄。

一直以來，我們都可以體認到生而為人的辛苦，要付出的，要努力的，一直都不曾間斷，也絲毫不能鬆懈，所以，承擔這樣的責任，是每個人都有的深刻體認，我們也都需要去了解自己內心真正的需要與變化。

當我們覺察到自己的意識與行為時，不僅需要面對，還要有不逃避的勇氣，要能檢視真正的自己，然後將這些覺察，用在生活的修行上，不斷地深入去感受自己，發現自己。

這本書在第一篇章部分，列出了我們在今生需要的修行力，文章中對於人生修行有更多、更深入的看法，期望大家在生活中找尋到可以努力的方向。

第二篇章中，增加了此次帶領一年愛班同學前往普陀山祈福行的學習過程，包含了菩薩為我們上課的內容，也學習到了祈願之宏願，為人祈福首重誠心誠意，念力可成。

第三篇章增加了普門品淺說的部分，讓大家對於普門品有基本的了解，也希望大家有機會可以多接觸普門品，讓我們知道觀世音菩薩是如何的發弘願，為眾生救苦救難。從普門品當中，可以看見菩薩是大神力，擁有慈悲願力，為眾生求解脫，以期望可以自今生離苦得樂。

我們心中一直有著菩薩的保佑，期望在人生修行路上，有個依循的方向，追尋的目標，並期望我們在人間修行的行為上，有更多可以努力的空間。

對於今生課題修行的部分，我們不敢有絲毫的鬆懈，只希望大家可以一步一腳印，努力的去面對今生的課題，也期望大家努力增加自我的修行力，讓今生的課題圓滿。

自序

覺察生命的修行力

生活中修行

普門品淺說

覺察生命的修行力

察覺力

菩薩將這一本書定義為「覺察生命的修行力」，此書的重心，是放在覺察上。

有些人會產生疑問，究竟察覺跟覺察有什麼不同？

其實，覺察力這個名詞，在心理學上的運用是非常多的，包含自我覺察、自我的意識、自我檢討、自我內省，都是透由覺察力來呈現。

那麼，什麼是察覺呢？

察覺是先透由觀察而發現、知道的事情，接著引發內心的感受。這種先發現、先察覺到事物的變化，才去感受的，就稱之為察覺。

那麼覺察，是先有感覺上與感受上的深刻體驗，才去發現、了解自我內心真實的需要。

察覺是先發現了才有感受；覺察是先有感受，才仔細去了解內心真正的需要與變化。

所以，當人需要覺察自己的時候，不僅需要面對不逃避的勇氣，還要能夠真正檢視自己，在生活中、修行上，需要不斷深入的去感受自己，發現自己。

發現了自己之後，覺察到自己生活當中的缺失，甚至於想要精進的部分，都可以透由自我覺察，而做新型態的調整，包含自我意識。

我們在做一件事情時，往往是除了外在表現之外，內心還有潛在的意識，就是所謂的自我意識，而讓你去做出這個選擇。

對自己有足夠的了解，便能夠知道自己想要做什麼、正在做什麼，以及感覺什麼，這種就是一種自我覺察的力量。

當你覺察到了身邊所有人事物的變化，你不會急切地想要去改變他們，你只是靜靜地接受，這就是一種覺察。

你知道你改變不了他人，你知道你一個人無法改變現狀，所以，你透由自己的感受力去察覺，去發現內在的需求、真實的自己。

當你有了這樣的覺察力時，就是改變的開始，你可以變得更好，變得更符合社會的期待，也更符合你對自我的期許。

當人有覺察力的時候，象徵著靈性的甦醒，你已經開始透由靈魂對話、透由智慧的衍生，而覺察到你這個生命體在人生過程當中的整個感受，你會運用這樣的智慧菩提感受，而衍生出更多、更堅強，或強大的正向力量，讓身邊的人也跟你一同覺察生命力。

當我們的人生懂得時時刻刻運用覺察力，去觀察自己的時候，你的內在是自由的。

你是一個全新的自我，你懂得如何安慰自己，並且懂得如何精進，提升靈魂的靈性。

所以，每一個人都需要擁有沉穩、勇敢、專注的覺察力。

你要去發現你自己，你要花時間去了解你自己。

你更需要陪伴在自己的身邊，無論喜怒哀樂，你都要有這樣的察覺，察覺當下的你需要什麼？

而不只是停留在單純的、表象的快樂幸福而已。

你會刻意的想要去追尋、滿足內心的需求與現況，你不會只是紙上談兵而已，你會願意真正的、深入的去了解，你與內在自我意識的連結關係。

善用覺察力，可以讓你對有情人間有更多的了解。

能夠學會付出、感恩，就會在你的覺察力當中，可以恣意地給與別人溫暖及愛的能量。

在人生的修行力當中，覺察力是很重要的，你必須要有感覺，要能夠觀察，你才能夠在修行當中，真正地做到有所感受與體悟。

善用你的覺察力，改變你的人生。

生命力

我們在談論人間修行的時候，首要的，我們需要知道，在持戒修行的過程當中，不斷的規範自己，讓自己完成今生的使命與課題。

而今生的使命呢？就是一種生命力的展現。

菩薩曾經說過：「人身難得、佛法難尋。」

我們現在擁有肉體可以行修行之實，就是一件很難能可貴的事，我們需要十分珍惜。

我們的肉身擁有這樣的生命力，存在這個宇宙空間裡，我們就應要善盡我們生命力所賦予的智慧，尋求解決問題的辦法，來去面對生活當中林林總總的事情，當你有勇氣面對，就會產生這些經驗跟智慧，而後還可以分享予後人。

所以，我們的行為是一個指標，我們所修行的方式，也可以是一個模範的人物，在講修行中的生命力的同時，我們也鼓勵大家不殺生，不輕易做出傷害自己的事情，不自殺、不毀滅自己難能可貴的生命力，這是我們的基本態度。

我們要努力的運用我們強大的生命力，來進行利他的事情。

當你遇到再大的困難，再大的挫折，都不能用結束生命來為你人生劃下最後的句點。

我們即便歷經了許多的困難跟挫折，但我們擁有旺盛的生命力，要告訴自己不要放棄，不要輕易的沮喪。

你可以難過，你可以悲傷，但是，在擦乾眼淚、跌倒之後，還是要再站起來。

站起來，再重拾信心，是因為你的生命充滿著生命力，生活是需要精進才能活得精采。

我們要時時提醒自己，遇到難關，沒有什麼！我們願意用旺盛的生命力來證明我們是可以經歷的，我們是可以度過難關的。

你所煩惱的事情，都只不過如曇花一現，短暫呈現而已，痛苦不會長久，困難不會長期的存在，只要你有心願意發願，願意努力的改變自己的人生，你擁有不放棄的精神，不隨意沮喪，這還能夠帶給身邊的人充滿生命力的鼓舞，如此，你的人生就是一個具有生命力的人生。

你可以保護你自己，可以保護身邊所有的人，讓他們運用他旺盛的生命力來創造自己的人生。

所以，不管遇到挫折，還是困難，甚至於是情感上的背叛或是婚姻破裂，都不要因為遭受到挫敗，而有自殺的念頭。

就如同菩薩說的「人身難得、佛法難尋」，我們的人身肉體是多麼的難得，我們要善用他、照顧他，讓他在這一世的人世間發揮最大的作用，帶給眾生最大的祝福與智慧。擁有這樣旺盛的生命力，你會發現此生不虛此行。

修行力

在修行力當中，我們要有深刻的體認，認知到人身難得，佛法難尋。

在我們人生修行的過程當中，要不斷的精進，並且能夠累積我們的經驗跟智慧，讓我們在修行這條路上，即便荊棘滿布，但仍能啟迪智慧，發展我們的願力和念力。

培養一個人的修行力，其實，就是吃苦耐勞的能力，不斷的讓這個人經歷所有喜怒哀樂的循環，讓這個人有深刻的體驗，便可以順利、精進的產生修行力。

人總是在遇到困難的時候，才會想到我們要如何尋求內心的平靜，怎樣才可以找到回家的路。

我們不斷的在尋找，嘗試了又嘗試，不斷的在苦中受苦，不斷的在樂中求安樂。始終堅持著自己的信念，才能夠帶領自己不斷的向前行。

修行的這條路上，荊棘滿布，鬼怪妖魔眾多，有時候，會讓你紛亂了心智；有時候，你的心意、心智不夠堅定，總是會被路上的風景或魔幻所誘導，而導致你迷失了方向，找不到回家的路。

但有時候，某些過程，是必須要經歷的。

當你全心全意的去感受生命中的美好，不管是喜、怒、哀、樂，能被成就在你生命中的錯誤、挫折等，它都能替你累積智慧，讓你有更多的精進力，去完成這些事情。

在修行路上，所伴隨的，除了有樂觀開朗的心情跟積極的態度外，更需要的是精進力。

在修行路上，一個人如果夠精進，他會時時刻刻去了解，處在生命當中的意義是什麼？這個真實的片刻，當下該學習的又是什麼？片刻都不會鬆懈，並且主動的尋求知識的認知，想要得到更多的智慧，來填滿自己內心不安或是不夠了解的部分。

菩薩最喜歡人們精進、求知識。例如，當自己有所不明白時，能夠不恥下問，詢問他人意見，甚至於問菩薩有關佛法、修行這方面的問題。

菩薩認為，一個人要能夠回家，必須要有上進的精進心，還要有執行力，並且能夠訓練自己，在人生中，不管遭遇任何困難的境況，都能夠堅持自己的修行力和不變的方向。

其實，我們每個人都是來人間修行的。

所謂修行，就是不斷的修正自己的行為。

我們也許不知道事情的對錯，也許我們必須經由學習、經驗，才能夠得知事情的正確性。

但在這些付出的過程當中，我們可以看見自己所經歷的，也能夠看見自己成長的部分。

所以，不要害怕去經歷，也不要害怕失去，更不要害怕失敗，因為在我們人生修行路上，這些都是正常、隨時可能發生的，要看你用什麼樣的心情去看待這些困境。

當你用樂觀、開朗的心去看待這些事情時，你就是充滿著精進力，向修行這條路邁進。

當你用消極的心態去看待人生修行路上的種種困難，你會開始卻步，你會懷疑自己的方向，這都不是很好的態度。

你要調整自我的心態，重新找回方向，並能夠堅持下去。

沒有人可以告訴你需要努力多久，沒有人可以告訴你，在堅持多久後你會找到回家的路。

但是，在還沒有回到家之前，沒有找到菩薩之前，我們都必須要一步一腳印，不斷的在自己的生活當中努力著。

直到有一天，你找到了方向，你會知道，菩薩就在那裡。

你所做的每一件事情，都是有利益眾生的，那麼，你就無愧於心，可以找到回家的那條路。

修行力，要不斷的透由你的智慧施展開來，讓你自己不斷的精進，而印證菩提，到達智慧的彼岸。

我們的人要學習像佛一樣的態度、一樣的心性，但我們的智慧必須在人間經歷跟學習。

不要把人神魔化或神佛化了。

一定要懂得一步一腳印，踏實的生存在這個社會，好好的體驗我們的生活，那才是人間最重要的修行力，才是我們真正要經歷的人生過程。

願力

我們常常聽到有人說他發願，願意付出努力，為了一件事情。
發自內心的願意替別人祈福，願意替別人承擔，這就是一種願力。
在無我的情境下，全心全意為他人而發願，這種願力是充滿著愛與幸福的。
願力，是你許下了願望之後，而有的行動力。
你願意承擔，願意付出，你所有的信念，都是為了他人著想，不為己。
很多時候，當我們看見有人真心的為別人祈福，這就是一種願力。
當你感到眾生的苦，你想要幫助眾生或幫助其他人，你有發出這樣的念頭，執行這樣的事情，這就是一種願力成真的實踐。
為了利益眾生，為了利益他人，不是為了自己，而是深深祝福他人，祈求他人平安幸福的願力能夠成真。

有一次，我帶領著一年愛班的同學，去了普陀山，那次，是為了大家祈福而去的，菩薩說：「以願引行，以行填願」。

普陀山的祈福行，大家經由彼此的願力而成就了這次的普陀山祈福行。

把最真實的行動力跟祈願力量，用在為大家祈福上，每一個人都不說苦，因為我們知道這一次的祈福行是為了眾生。

所以，懂得放下自己，不再以自己為中心，放下了自己的悲傷難過，放下自己心裡的糾結，讓自己呈現空的狀態，心中只有願力的施展，想要幫助別人，想要替他人祈福，這就是一種發願。

願是強大的力量，願力更是任何神力都無法消除、無法抵抗的。

願力之強大乃看一個人的心念。

當一個人心無懼怕，唯有善，唯有愛，讓心中願力強大，而能夠做自己想做的事，當你發揮出願力的時候，你就會像觀世音菩薩一樣，想要積極給予別人幫忙，想要幫助他人離苦得樂，想要大家解脫煩惱，這就是一種願力的集合。

過去，菩薩曾經一直不斷的告訴我們，如何用自己的念力來改變自己的人生？

我們現在也可以進行我們的願力，來帶給別人幸福。

雖然，別人跟你可能沒有直接實際的關係，或者跟你沒有好的交情，但是，你一樣可以用你的願力，來替他人祈福，甚至替他人發願完成某一件祈願之事。

只有自己在經歷過這些願力形成的過程，你才能夠發心、發願的替別人祈福。

如果你可以感同身受，你會把別人的事情當做自己的事，你的願力就會變得更加強大，而你的祈願力也會變得更有顯著的效果！

當我們在幫助其他人的時候，過程中，其實已經沒有了自我，已經達到無我的境界，你心中只有急切地想要幫助他人，這個急切地想要幫助他人就是一種動力，就是一種願力。

在生活當中，我們可以試著發願，可以試著施展我們的願力，想想你最想幫助什麼樣的人？

用你具體的行動去完成你所謂願力的布施，願力的施展，避免讓別人跟你受一樣的苦。

能夠儘量幫助別人的，我們一點兒也不會退卻，因為愛勇敢，善無敵。

慧力

慧力就是智慧之力。

擁有慧力就等於擁有智慧。

慧力就是擁有解脫苦難、去除煩惱的智慧力。

我們人不斷的學習精進，就是希望有一天能夠擁有慧力，來幫助我們自己的人生。

為什麼要擁有慧力呢？

其實，就是當我們生活在困厄的環境中，有時候，對於是非對錯不那麼清楚，黑白也不那麼對立，不太能夠在無明當中看見所謂的智慧，很容易因為情感、因為失去理智而做出難以判斷的事情。

所以，我們應該要運用我們的慧力，提升我們的慧力，並且知道如何能夠得到這些慧力。

人生要增加自己的智慧之力，方法有很多種。

你可以透由生活當中經驗的學習，例如，遇到困難、挫折，能夠讓你衍生出智慧，讓你變成一個有智慧而能夠擁有定見、定力的人。

在經驗過程當中，你可以犯錯，你可能也會從犯錯的過程中，得到你需要成長的慧力、智慧力。

當然，你也可以透過學習很多經典文物，或是透由人身教化的學習，而得到屬於你自己的知識。

這些知識都是為了支持你自己一直不斷的在人生道路上做轉化，而學習適應其中。

在人的身上可以學習到很多事物，包含去除貪嗔癡三毒。

你看見了別人的貪嗔癡，你會嚴防提醒自己不要墮入了貪嗔癡三毒之間，這也是從人身上所學習到的。

當你意識到人太過於執著貪嗔癡的時候，其實，也就是代表你有著無上的清明告訴自己，你有智慧力判斷告訴自己，這是不應該做的。

所以，從人身肉體當中的學習是最為廣泛的。

因為人是難以控制的，人的想法也是多面向的，在他們生活當中所學習到的態度、課題，也都會是最多、最廣的。

當然，我們也可以在萬事萬物當中，學習到許多智慧之力。

你看著動物相親相愛不互相殘殺，反觀人類自己，在毫無預警之下拿刀殺人，只為了尋求自己的快樂或快感。這類事件也可以讓我們學習到智慧之力。

人世間當中的萬事萬物，都一直不斷的教著我們如何學習擁有智慧力，能夠得到解脫，去除煩惱。

在閱讀當中，你也可以得到智慧之力。

你閱讀他人的文章，從他人的字字珠璣文章中，看見別人的智慧力。別人集合了眾智慧力而發展出書籍，你可以從書籍的閱讀開始，從書籍的閱讀發現，別人引領其中的智力、慧力奧妙。

所以，閱讀是一件很重要的事情。

菩薩一再強調，人懂得閱讀，就代表你有精進之心。

你不放棄閱讀，代表著你想要擁有更精進的人生。

從閱讀的文字當中，我們可以體會出作者的用心，我們可以感受到想要表達的意涵，這就是一種傳播，一種善知識的傳播，它也是一種文字善知識的布施。我們可以從書中學習，讓我們擁有更多的智慧，並且可以統整這些智慧力。

所以，閱讀是不能放棄的。

我們要在許多書籍當中一直不斷的精進，找尋我們要的心靈種子。種下了這顆心靈種子之後，我們要不斷的關切它、照顧它，讓它日漸茁壯。這就是智慧力帶給我們的強大保護力。

再來，在什麼地方可以學習智慧之力呢？

其中，便是從痛苦當中，得到智慧、慧力。

從痛苦當中，你會發現，人走到瀕臨死亡或是絕境的時候，上天並不會完全的閉鎖了他所有的資源，還是會給他發奮向上的動力或機會。

在人生道途上，你可能因一時失志了，而選擇就此放棄。

但你若堅信自己絕對可以扭轉，那麼，你就可以從痛苦中尋求解脫。

因為你知道，這痛苦實在太痛了，所以，你不願意再經歷它一次，你會想要改變，以避免自己受到痛苦的折磨。

這就是一種在痛苦當中得到智力、慧力，而找尋到解脫的方法。

尋求智力的方法有很多種，實踐慧力的方法也很重要。

當我們擁有了夠多的慧力之後，我們的人生就要開始願意接納別人的意見，改變自己的想法。

懂得轉變是一件好事，你可以變得更好，你也可以變得更壞。

懂得轉變，便會運用到慧力。

當你的慧力越強大的時候，你懂得轉變的幅度也會變得更大，因為你知道沒有什麼事情是需要堅持的，任何事情，都可以運用你的慧力來達到平衡。

當你懂得轉變的時候，你已經開始適應人生的變化與無常了。

你知道自己會隨著世界的變化而改變時，正是你有大智慧力，可以順應這個生活的變化、世界的無常，你不再抗拒，不再抱怨，因為你已經精進昇華成為一個有慧力的人了。

就如同水一樣，水是柔軟的，水是沒有固定形狀的，它是隨波逐流的，水會因為瓶子的形狀而改變它自己。

這就是柔軟。這就是有智慧。

我們都應當學習水一般的智慧，生存在任何一種環境，都能夠生存。只要你有智慧，去除我執，人就會有柔軟。

一個人為什麼不夠柔軟？

就是因為他擁有自己的想法，他認為他的想法才是對的，他不太信任別人的看法，他只相信自己的。

於是，他便有了堅強的固執力，不願意去除我執，也不願意接受別人的看法，而讓自己變成一個不夠柔軟的人。

做一個聰慧的人，必須要善用智慧，要努力的得到慧力，能幫助自己，也能夠幫助別人。

記得，要擁有慧力之前，我們一定要先做一件事情，就是去除我們本身固執的狀態。

去除我執，人生才能夠感覺到精進，才能夠擁有更多的智慧，也才能夠接觸到更多的慧力。

所以，如同水一般的柔軟吧！

這是我們擁有慧力，進而可以解脫、離苦、去除煩惱、得到快樂，最重要的一個智慧力。

念力

我們常常提到念力的問題，也鼓勵大家要轉動你的念頭，要學習轉念。

轉念，就能夠讓自己的人生有所改變，所以，菩薩一直不斷的提倡「念轉運就轉」。

這是因為，透由我們人對於念的變化、產生的念頭，可以改變你自己所遭遇到的所有事情。

念力，非常的強大。

念力，是人世間當中最強大的一個力量，如果你相信你的身邊會有好運產生，那麼，念力絕對可以替你自己完成這樣的祈願。

我們的念頭要越單純越好，念頭要好，要存善心、善念，要能夠純真、正道，不做惡念想，要起善心，做一件事情，看待一個事物，永遠用善良的角度去解釋，永遠用善念去看待它，你會發現，人生處處是美好的。

但是，如果你是用惡念來去看待別人時，你會發現，所有的憤怒、焦躁，以及負面的情緒都會接踵而來，那不是我們想要的。

我們要的便是能施展我們的念力，用單純念力所產生的、真正可以改變自己命運的力量。

每一個人都要學習將自己的念頭轉向純真、善良的方向，不管別人對你做了什麼，你始終要堅持善心、善念，並且運用自己的念力，來為自己的人生做一些改變。

例如，你常常擔憂自己或家人可能在出門之後，不知道會發生什麼樣的意外。

這時，你不妨轉個念頭，希望我的家人今天都是愉快的一天，用這樣念力去做轉化，將不好的、焦慮的，或擔憂的事情轉為正向，讓你有正面的想法。

而不要用擔憂、害怕的心情去關注對方。

有些太太結了婚之後，就開始擔心丈夫是不是有了外遇？越有這樣的念頭，越可能會在無形場域之間形成這樣的念力，進而推波助瀾的讓先生有了外遇。

所以，我們要取消這樣的念頭，我們要時時刻刻注意這樣的念頭。當你出現負面情緒或負面想法時，在沒有任何蛛絲馬跡的情況下，只是單純的念頭、胡思亂想，那麼，你就要學習抑制這樣的念頭出現。盡可能地告訴自己，不要有這樣負面的想法。

要懂得感恩，珍惜當下，便會大幅降低在未來經歷失去的可能。

所以，我們要善用自己的念力，要維持自己正向的念力，用你的念力來改變你的人生。

之前，菩薩曾經教過大家如何施展念力，就是當你想要祈求某一件事情的發生，或希望某一件事情能夠有所改變或好轉時，你可以閉上眼睛，集中念力，讓念力由你的眉心發射出來，告訴自己，這件事情會有好的發展，會有好的改變，這是一個最基本念力的驅使，每一個人都可以做到。

你可以學習運用自己的念力，就從改變自己身邊的小事物開始，當所有的念力集中在你身上，一定會有非常好的發揮，不妨試試看！

善用你的念力來改變你的人生，善用你的念力，來改變身邊所發生的事情，你會發現念力一轉好，念轉，運就真的轉了。

定力

修行當中最需要的就是定力。

一個人能否讓自己定下來，定下心來，定下自己漂泊的心，不讓自己的情緒有太大的起伏，不讓自己的想法有太多瞬間的改變，不隨波逐流，在心中總是能夠有定見。

所謂的定見，是你對此件事情有自己的看法，有自己的想法，並且能夠有條理、邏輯的整理出這些想法，給予他人參考。

一個定見，代表人對這件事情的理解力跟了解。

你能夠堅持你的定見，了解其中，在其中著墨很深、研讀很多，你才能夠發展出屬於自己的定見，而能夠要求別人來信服。

你的定見，必須要能夠知曉當中的道理，才有資格，也才有智慧能夠說服大家接受你的看法。

那麼，如何安定你的心？定到底是何意義呢？

所謂定，就是不轉動、不移動、不輕易的改變自己的心意，而能夠對於所有的事情都採取一個淡然處之的態度。

如何能夠達到這個定的意義？

其實，就是訓練我們在面對各種困難與挑戰時，或有任何突發事件時，你都能在第一時間安定你自己，告訴自己，這是無常的；告訴自己，這是需要改變的；告訴自己，無所畏懼！

這就是定的開端。

先讓自己的心定下來之後，才能夠讓智慧衍生而出。

當一個人的心情夠堅定，情緒夠穩定，內在都能夠穩定、平靜了，人也就會跟著安定下來。

否則，當人的心不安定時，人就會顯得特別焦躁而不知所措，而且容易做出錯誤的決定。

做一件事情要有定力，才能夠專注地完成。

所以，只有人身肉體定下來，靜下來，我們才有足夠的智慧去思考方向，才能夠找到智慧的答案，我們也才能夠延續著智慧的答案，去做有智慧的決定，這就是定。

有兩個和尚在打坐，其中一個和尚，一有風吹草動就開始看：「誰在打擾我們打坐？到底是誰發出了其他的聲音，而叨擾了我們打坐的行程？」

他一坐下來，過沒幾分鐘，又發現旁邊有人在講話、吆喝，他覺得實在不識趣啊！於是起身，想要出門去罵人的時候，他東張西望，一直找不到是誰在說話，是誰在叨擾我們兩位和尚唸經打坐？

當他轉身回頭要進入寺廟的時候，看見另外一個和尚從頭到尾都沒有被聲音所影響，他覺得很奇怪，於是就拍拍這位正在打坐的和尚說：「你怎麼都沒聽見？外面有這麼大聲的吆喝聲，你怎麼還能靜坐得下去啊？你趕快跟我起身，一起去找尋這個聲音是從哪裡來的吧！」

這位打坐的和尚並不理會他，繼續打坐，連頭也不回，繼續做他自己該做的事情。

而這個一直焦躁不安的和尚，不斷的拍打著靜坐的和尚說：「我在跟你說話呢！你怎麼不回應呀？你這樣子有沒有禮貌啊？我正在跟你講話，你怎麼都不為所動，也不回應一下，你實在是太沒禮貌了，真不知道你修行修到哪裡去了，連基本的禮貌都不懂。」

正在打坐的和尚依然沒有理他，還是靜靜的坐著。

這個惱怒的和尚，整個人覺得完全無法定下心來再繼續打坐了，於是，他走出廟外，決定要把發出聲音的人給找出來。

過了一個時辰之後，還在寺廟裡面打坐的和尚起身了，跟菩薩頂禮了。

他就開始去做自己要做的事情了。

而焦躁不安的和尚正從外面走進寺廟裡，看到這個和尚已經開始在打掃了，他就問他說：「你靜坐完了嗎？怎麼這麼快就結束了？你到底有沒有認真呢？怎麼不等我回來呢？」

這個和尚不跟他說任何話，只是繼續的掃著地。

這時候，寺廟裡走出了一個方丈，告訴這個焦躁不安的和尚說：「當你在焦躁不安的時候，另外一個和尚非常平靜的把日常該做的功課給做完了，而你的焦躁不安，不僅浪費了時間，浪費了精力，讓你整個人心性起伏不定，受到影響，還因為這樣而造了口業。你的定力不夠，你真的還需要再精進啊！」

老和尚對著正在掃地的和尚說：「你的定力夠，你不為、不被任何事情所打擾，只堅持你自己該做的事情，這就是一種從內而外的定。你知道沒有什麼事情可以讓你動了。於是一靜下來，就是永遠的靜了。能夠讓你動的，一定都只有你自己。當你完成了這個定的功課，你覺得自己足夠了才起身。這就是當一個人夠定的時候，有了是非判斷的能力，知道什麼時候該起身，而不會盲目的只在那邊做一件事情。」

所以，定力不是指一個人一直不斷的做一件事情或是安靜的做。定力是指一個人能夠靜下來，不論是靜或動，堅持或放棄，都是因為他有智慧去判斷。

所以，人要懂得安定自己的心。一有風吹草動，一有外在的事物干擾，一定要想辦法讓自己先靜下來，先把內在淨化好了，定下來之後，才能更有智慧的去面對該解決的問題。

這就是定力能帶給我們莫大智慧的精要。

理解力

我們都希望別人能夠理解我們的想法，並且進而接受我們的想法。

不過，這是一門很難的功課，因為每一個人都生長在不同的環境，面對事情的判斷力，本來就會有所不同，要要求別人去全然接受你所認為的主觀意識，其實是困難的，但是，我們一樣要不斷的訓練我們的理解力。

所謂的理解力，是你能夠理性的去了解別人對於事物的一些看法，與可能成敗的因素。

例如說：你可以去了解跟接受，這個人為什麼每次一定要先洗手，才能去做其他的事情。

站在他的立場幫他想想吧！

可能之前，他曾遭受過病毒的感染，他知道衛生環境、衛生條件是非常重要的，所以，他這樣的保護自己，而以強迫的行為讓他去做洗手的動作。

在你還沒了解之前，你可能不能理解這個人為什麼要這麼做？

你只覺得這個人太愛乾淨，他有潔癖，卻不知道他背後因發生這些事情所造成的影響與對他的意義。

當你學習接受這些原因的發生，你就能夠敞開心胸去了解，導致這現象發生的背後因素？

最後，因為你接受了，你理解了，所以，你也能夠接納任何事情發展的結果，你不再有抱怨，你不會再有批評，因為你知道，發生在這個人身上的這些問題，是這個人所衍生出來的必要或可能性。

本來就會發生的，你便能夠以同理心去了解，為什麼他要這麼做的原因？

例如，有一對夫妻結婚不久後，太太總是抱怨先生為什麼要在外頭喝酒，太太非常害怕先生喝酒這件事情。

可是先生會覺得，我是外出跟別人應酬，我也是為了這個家庭著想的，為什麼太太這麼不能接納自己做的這件事情？

先生沒有去了解在太太成長過程當中，父親只要一喝酒回來就開始打媽媽，那種恐懼，那種害怕，已經深植在她的心靈裡面，這個心靈種子經過了歲月的催化，發芽、長大了，停留在心裡面的一直是一個惡夢。

他只要看見自己的先生喝得爛醉回家，他就會出現小時候爸爸打媽媽的畫面，這種驚恐不是一般人所能夠理解的，如果這個太太不願意說，先生也不會知道，但是，如果今天太太願意表現出自己願意溝通的方式，而先生也能夠透由理解力來了解事情發生的原因，就能夠幫助他們兩位解決問題了。

所以，我們常常說理解力，其實，跟溝通也有很大的關係，當你在試著跟別人溝通時，請記得，溝通這兩個字，不是為了說服對方接納自己的意見。

「溝通」是為了要讓別人來理解、了解你內心的想法。

你只是為了要了解對方的想法，我也只是為了讓你了解我的想法，這才能成為溝通，而不是要強迫性的說服對方接受你的意見，這兩者是不同的。

我們要訓練自己的理解力，是因為我們要提高自己的智慧，能夠給別人多一點空間，讓別人能夠解釋他的行為。

而在解釋背後，我們要能夠全然的接受，不強迫，也不批評對方的主觀意識，這就是我們訓練理解力與修行中加強理解力很重要的部分。

我們要學習接納，我們要更加精進，才能夠更容易且有智慧的去理解別人的想法，這樣，我們在做事情時，或是在做判斷時，就不會太武斷的去評論一件事情，會給予別人較大的空間，其實，這也會給我們更多智慧的累積。

所以，在人生中，學習理解別人的意思，學習理解別人某些行為的意義，學習理解他人有不得已的苦衷，我們都可以試著敞開心胸來虛心接受的，可以用更多的包容來面對對方需要做的事情。

在這裡，理解力也相對的帶著許多的包容，你若願意包容對方、包容他人，你給予他人的種種接納與彈性，就會更加的寬廣。

你不會限制別人，別人也才能有更多自我發揮的空間。

所以，我們在學習理解力的同時，也要不斷地訓練我們的包容力，願意帶給別人快樂跟成長，願意接受別人跟我們有不同的想法，而不加以批評，這也是我們自我成長很重要的一個條件。

所以，學習理解別人的喜怒哀樂，學習包容他人的喜怒哀樂，我們才能夠一起成長。

度化力

誰可以超渡你？

我們又可以超渡誰呢？

一定要請法師嗎？其實不然。

我們每一個人都有非常純正的念力跟願力，可以來執行超渡這件事情。只要我們發揮真實內心的渴望，真實的希望對方一直都呈現好的狀態，我們就具有絕對超渡自己跟他人的能力。

誰可以超渡你？你自己就可以。

每天試著回想自己、檢討自己曾經經歷的事物，不斷的檢視自己，然後，祈求菩薩能夠讓我們離苦得樂，並對於往生的親人，也能夠如此對待，那麼，我們的念力就會增強，願力就能夠去執行，我們就擁有度化別人的力量。

度化也可以說是除了祈願之外，還可以幫助他人改變念頭的一種方式。

你在度化別人的時候，你可以藉由一個故事、一句話、一篇文章，這些都可以讓別人產生共鳴，讓別人有想要改變日常生活的衝動或是想法，這就是一種度化力的驅使。

你願意幫助別人，你就具有度化別人的力量。

當然，我們希望在各處所舉辦的祈福法會，自己能親自來參加，那個度化的念力、願力，會比法師或其他人來做的意念更加堅定，念力與祈福力更加強大。

當我們想要度化別人的時候，必須要先讓自己擁有正向的能量。

你的無私奉獻，你的無所求，沒有貪嗔癡的欲念，也能幫助你自己用念力、願力、度化力來去幫助別人、超渡自己或是超渡他人。

擁有這樣正向的想法，你不求貪、不求多，單一念頭的想要幫助別人，這樣的心情絕對是度化他人最強的力量。

因為你無所求，因為你付出的時候是心甘情願，沒有其他想法的，那麼，這個力量就會非常強大。

強大到使菩薩願意接納、接收這樣的力量，而讓祈願成真。

我們每個人其實都有非常強的度化能量、度化力，只要你願意，我們都可以是一個能夠幫別人祈福，消災難，去除困厄的人。

我們人身有肉體，這一世的修行都是一個非常好的學習過程。

我們要繳交出一張漂亮的成績單，便要在人生每一個階段，都能夠扮演好自己的角色，把自己應盡的責任做好，這樣才能夠填好試卷，才能夠得高分，未來也才能夠跟著菩薩回家。

所有的堅持，都只是為了一個善心、善念。

所有的堅持，都只是為了愛的延續。

當你有了這樣的想法時，你便擁有強大度化別人的力量，因為你的愛讓任何人都無從抵抗的。

就算別人已經深具魔性，你還是可以用愛來包圍他，還是可以用愛來感化他，讓具有魔性的人都能夠感受到愛的存在，進而改變他們自己。

所以，菩薩曾經在書籍當中提到，我們不要一直想要改變他人，我們最重要的是，先從自己的改變做起。

讓別人從外顯、外相當中看見我們的改變，然後，再進而由外相尋求內在的了解、接納，想要過得更好，是我們改變的緣由。

有了這樣的因緣，對方也許會有想要改變的力量，並開始改變自己的人生。我們都要成為他人的榜樣，先做好自己分內該做的事情，才能夠成就別人更多。

每個人都擁有度化力，每個人都擁有強大的念力與願力，讓我們一起用這樣的度化力量來改變這個世界。

一切就從改變自己與身邊的人開始。

持戒力

楞嚴經當中有說到：「攝心為戒，因戒生定，因定發慧，是則名為三無漏學。」

什麼叫做戒？為何要有戒這個字眼呢？

戒是一個規範，讓人有規範可以依循，人可以因為遵循這些法則來守法。不守法則的人，這些戒律對他來說，總是會覺得處處受限制。

但我們要看見的是，如果一個人能夠持戒，就代表著你有所規範，不管是你的內心還是你的外相，都會有所規範。

有了心，心裡會知道有什麼事情是不可以去想的。

你知道不可以有惡心，不可以有惡念，所以，你必須要持自己的心戒，讓自己的心不落入惡魔道，而能夠心生慈悲，這也是一種戒。

當你在持戒的時候，就會產生所謂的「定力」。

在你的生活中，因為已經持戒了，這讓你的心神能夠有所判斷，哪些事情可以做？哪些事情不能做？

這樣才能夠讓你的心定下來，知道自己需要的是什麼？

「定」，在人生活當中，目標是什麼？

因為有了持戒，便能夠產生定力。

因為有了定力，而能夠開啟你的智慧。

這都是人們在生活當中，應該要持戒的部分。

有人說，戒律很多，好像管很多。

但其實，如果你是守法的人，你根本不需要擔心這些戒律會引發你生活裡的種種不滿。

戒跟法則是一樣的，它們都是限制人不要犯錯。

容易犯錯的人，就會覺得這些戒律實在是太繁複了，太複雜了，不想遵守。

但對一個守法的人來說，對一個持戒的人而言，這是一個規範，一個可以遵守的方向，這是好的。

每一個人，其實都應該要持戒。

所謂的持戒，就是知道哪些事情是不可以做的。

例如，我們知道不要造業，有好的因緣，我們要惜好緣，不要建造新的惡緣，我們要廣結善緣。

每個出現在我們身邊的人，不管我們愛不愛他，我們喜不喜歡他，拋開那些外在的束縛跟條件，我們打從心裡面要能夠感謝他，感謝他的出現，與我們創造一段好的緣分。

不造惡業，代表著我不與他人有嫌隙，不與他人有情感上的衝擊，或人際關係上的碰撞。

我不再創造新的惡業，只為人與人之間的善緣而做累積。

當然，持戒的人不會造口業，不會隨意說出傷害別人的話來，也不會隨意說出詆毀他人的言語，他知道守口、持口戒的重要性。

嘴巴是要用來鼓勵人們，給予溫暖力量的，而不是用來造口業，或讓人因為語言而喪失信心，而蕭條沮喪。

所以我們要謹記，不要口出惡言，不要造口業。

另外一個持戒，不殺生。

既然持戒了，就不要刻意的殺生，不要吃為你而死的動物。

你可以食肉、食葷、食素，但不要犯殺生之罪。

這樣，不造口業，不生惡業，不犯殺生，不偷盜，才能廣生菩提心。

人的心念也是需要持心戒的。

不要顛倒是非，也不要懷有妄想，更不要想法子或點子去讓人互相不滿、反目成仇，而形成惡業。

不從中挑撥，不傳遞錯誤訊息，也是我們在持戒心非常重要的一個部分。

在持戒心外，還有不妄語。

有的時候，我們會希望得到更多，而誇大了自己的言語，希望別人注目的焦點都在我們身上。

不妄語，是每個人都要努力遵守的。

實實在在的過生活，實實在在的體驗，不要因為打妄語，而帶來別人對你的崇拜，不要因妄語，而蒐集到更多的心機，把持好這些，不犯錯，這就是心戒。

不起惡心，去除不道德的行為，這都是持心戒的重要性。

另外，還要深入來談所謂心戒的部分。

當我們發現，有些言論或是文字對他人是有傷害的，我們也要主動選擇不看、不聽，不要去陷入其中，而讓受害的另一方難受。

如果我們可以做到持戒心，不聽、不看，不去偷聽別人的談話，不去偷看別人的隱私，這也是持心戒的一種。

此外，我們也不因為貪而陷害他人。

不因為想到奪得什麼，而使他人中心計。

這都是持心戒最重要的。

我們要發自內心的關心他人，發自內心的傳播愛。

所有的戒律、戒條，都只是為了讓人有一個規範，讓人可以做好。

當你持戒是清淨的，你願意利他，就不會有任何傷害。

你持心戒、持任何一個戒律，都是在行菩薩道。

菩薩說「戒是無上菩提本」，它是智慧的根本。

我們持戒，如果是別人要求你這麼做的，你可能會心不甘、情不願，不願意去做。

但是，如果是發自內心，自己想要去做的，那麼，就是一種持戒力。

例如：有人發心吃素，吃了素食之後，某日，有朋友邀約說：「你不要吃素一天，我們一起去吃一頓好的大餐」，結果，你因為心動搖了，戒心就鬆散了，你就跟著吃葷了。

這時，你的持戒只是短暫的，而不是真的發自內心的。

當然，我是引用了素食這個例子。

有些事情，當然不見得是比照素食一樣的道理。

有些人會告訴你「你要持戒，你不要淫穢」，但有的人因為把持不住感情，而在感情當中出現了第三者。這些都是不守戒而造成的。

戒為無上菩提本。持戒要從自己「覺心」開始。

你自身必須要有所領悟，知道這個戒是自己不想要犯的，而且也認為是對眾生沒有幫助的，「我出自內心發願的，我不再做了」，這就是一種持戒的力量。

當你覺悟的時候，你的內心就會有正心、正念，與佛而相應。

你就無從害怕，也不會恐懼。

人為什麼沒有辦法讓持戒力長久？

因為外在的誘惑太多，再加上自己持戒力不強，所以，總是容易被誘惑。

你的意志力總是鬆散的，導致於你的持戒力不強。

大家可以仔細想想，你可以持戒的方式有什麼？

例如不殺生、不妄語、不偷腥、不貪盜、不造口業、不起惡緣，這些都是你可以持戒的。

重要的是，你要去觀察你自己到底可以持戒多久，會不會很容易就破戒了呢？

從持戒的過程當中，我們要心生懺悔，不斷的懺悔，而且要不斷的察覺自己內心的改變。

如果犯行很大，我們一定要懂得持戒。

不要因為擔心持戒會失敗就不去做，我們總是要為自己盡一些力量與下功夫的。

如果可以用你的持戒心，好好的規範自己的行為，不違反倫理道德，並且能夠在戒心上，守心戒，能夠有所依歸，能夠行善心、善念，那麼，你就是一個在生命當中，正在經歷成長的修行人，你是一個持戒的修行人。

布施力

布施本是把我本身所擁有的給予他人，而我的付出是忘了自己，去除掉這些本身所有的貪。

想要堅持一個物品留在我身邊，這就是一種貪，這就是一種貪戀。

布施的人，是把自己本身所擁有的給予他人，忘了自己，只希望他人好。

這種不求回報的，才是真布施。

因為他只想著這個東西到別人手上是很好的，我對於本身物品沒有任何的眷戀，也沒有任何的不捨。

這就是布施的力量。

布施的力量是明確的，知曉對方需要什麼而直接給予對方，你會因視其身，會根據不同人的需要，而給予不同的布施。

在布施結束之後，你不再想起這件事情，不再在意這件事情，更不會刻意的去述說這件事情，布施才有力量。

有的人做了好事之後，他還要別人謝謝他，他要別人記得他的功德，他認為這是自己在種福田。

如果你有這樣的想法，你會讓你的布施前功盡棄，一無所獲。

我們人的布施是能夠清楚的知道，自己付出了之後，是開心快樂的，你不在意可以得到什麼，不在意別人給你一個微笑，你只做你內心真的想做的。

所以，佛法當中所謂的布施，包含了財布施、法布施、無畏布施。

在財布施方面，這是最基礎的，我們總是希望當別人有需要的時候，我們可以把自己所擁有的一些物品分散出去、分送出去，只為了讓別人離苦、解脫。

他擁有了這些錢財，擁有了這些物品後，他可能可以讓自己的生活衣食無缺或無所困頓，這是我們可以做到的財布施。

當然，在進行財布施時，一定要懂得量力而為。

你的生活如果無法供給或布施比較多的東西，你就要懂得量力而為。如果你的布施是已盡了力的，那就盡力即可，不要因付出夠多，或為了達到崇高的名聲而做交換。

所以，在財布施方面，我們每一個人都可以盡自己的力量，並量力而為。

在法的布施方面，通常是在人遇到傷心、困難、挫折的時候，需要人們給他一些擁抱，給予言語、知識或精神上的鼓勵等，這都是一種法布施，愛的布施。當透由你所解釋的文字、語言，或是你所得到的知識來開導對方，導引對方因此學習而有了轉念，這就是一種法布施。

你在人的精神上給予莫大的鼓勵，這就是一種法的布施。

在別人失戀需要幫助的時候，你在旁邊安慰著他、陪著他，這也是一種法布施，一種愛的布施。

人因為接受了你的法布施，因而轉念，而放棄了原本困難、困頓的生活，放棄了固執的想法，引發了他們轉念的想法，這就是一種完善、完美的法布施。

所有的布施都不在多，而在於誠心。

無畏布施也是如此。

當你已經沒有了，什麼都沒有了，你也不會害怕，叫做無畏布施。

當你在布施這些有形無形的東西時，你依舊還能夠不在意自己已經失去的，你認為：「失去了這些，布施了這些，我還擁有更多的愛，更多的智慧」，這就是一種無量布施，這就是一種無畏的布施。

每個人都應該要學習在布施的當下，忘記了自己。

你是真心想要幫助他人的，你就不會在意自己的財物。

所以，布施最基本的訓練課題，就是去除人們貪嗔癡三種欲望。去除貪，才不會擁有物欲，就是想要堅持擁有物品的這個念力。

有人需要鼓勵的時候，你給予他鼓勵，這也是一種布施。

所謂的無畏布施，就是從你的生活當中，只要你想到「我要去做一件事情，這件事情是利益眾生的，我就沒有什麼好害怕的」，這種就是一種無畏的布施。

就像菩薩施無畏一樣，菩薩在聞其聲、救其苦之時，能夠體驗到此人的痛苦，祂願意解脫此人，希望他得到大智慧。

不在意自己失去了什麼，只在意自己有沒有真正地幫助到別人，這就是一種無畏的布施。

無畏的布施，眼中已經沒有了自己。

菩薩希望大家成為願意改變自己人生生命的人，做一些改變，讓自己改變得更好，才能夠讓我們無畏施、施無畏。

什麼都不害怕的情況下，你去做的任何事情，都是專一而且念誠的。

當一個人一念至誠的時候，便無所畏懼，他就可以盡一己之力，幫助更多的人。

我們應該把布施這件事情，常常落實在我們的生活當中，尋求人財的布施、物品的布施、法與愛的布施、無畏的布施，這都是我們可以從日常生活當中，開始精進做起的。

行善力

行善力是想要做好事的一種動力。

它與布施不同。

布施是想把自己擁有的東西，布施予他人，給予他人。

可能為了他人的健康、生活著想，所以，我把自己已經擁有的，布施予他人，給別人一同來享用，而我自己是不計較有無的。

但行善力與布施是不同的。

行善是做所有好事的一種動力，並且想要堅持下去的一種力量。

有些人行善了二十多年，不為人知，他就是默默的在做他想要對別人好的事情。而這個行善力不見得是他自己本身擁有豐富的物資，或擁有這麼多的東西可以提供給別人享用。

這個行善力是：「我用親力親為的方式來行善，把我自己能力所及的貢獻於他人」，跟布施一樣是不計較後果，也不計較自己錢財的有無。

行善力一旦存在，萬惡萬劫都不復在，皆不復在。

也就是說，當人有行善的動力，當人有行善的念頭，萬惡萬劫、再多的困難、再多的苦難、再多的劫難，都不會出現。

因為我們的行善力，會想要用行動來去證明善的存在，用行動來維繫善的連結，所以用行善力去幫助他人，可以化解困境。

行善力與布施不太一樣的地方，是行善力必須是智慧所集合之慧行。

有行善作好的目標，心中認為，我只要不斷的行善，並且一心向善，不求回報，以大家為己身，沒有分別心，沒有計較心，也不以行善輕重而有所分別，也不會因為自己行善而擁有驕傲。

不以行善之名，來得名利之實。

也就是說，不要用你正在做行善這件事情，來誘導別人跟你一同加入，而在其中獲得利益，這都是不被允許的。

例如，有些人可能在表面上希望做好事，在募得了一些資金之後，扣除了自己需要用的成本或是自己生活所需，剩餘的才把捐款善用出去，這都是不對的。所有的功德也會一夜滅損。

因為所謂的行善跟布施，都應該是將這些力量放在眾生身上，將這些力量用在別人身上時，並沒有考慮到自己的得失，也沒有考慮到自己的利益。

這不是沽名釣譽的行善，不是為了要美其名而做的行善事，更不是為了要獲得大家的掌聲而去做的行善。

所以，行善不需要高調，只需低調進行。

就算在進行當中被人發現，想要拱你為首，或是想要稱讚你，也都一律是低調、虔誠的祝福大家即可。

行善人不會希望大家將焦點放在他一個人身上。

我們人都必須要擁有行善力。

行善力就是做好事的動力。

不要把行善這件事情，擴大認為是，一定是要眾所皆知的善事。

僅僅是一個善的念頭，你也是啟動了自己的行善力。

當你做任何事情，都可以想到別人的時候，會擔心是否影響他人的時候，這個善心的念力就是善念。

它就能夠引領你走向對的道路，而不會去在意風景之外的沿途風景。

你會去除滿路的荊棘，背負著這些困難，勇敢的向前行。

行善，也許是一個人，也許是寂寞的，但在你的心中，你如此的有定見、定力，還是希望能夠不斷地走向回家的那條路，由菩薩帶領的那條路。

所以，行善不為人知，默默的做，也是一種美德。

行善力要增強，因為不僅可以幫助到他人，也可以衍生出自己的智慧。

有些人在做善事的時候，忘記了所謂的善事的含意。

當我們在行善時，雖然不求回報，以大家為中心，沒有分別心，也沒有自己計較的心。但我們還是要擁有更多的智慧，去讓我們的行善力得以張揚，效果得以顯著。我們必須要有足夠的智慧，來判斷這件事情我們是否應該要幫忙。

所以，在執行行善力的時候，必須要有智慧作為基礎。

菩薩曾經在「念轉運就轉」的書籍當中告訴大家：慈悲一定要有智慧，心軟要有智慧做為基礎。

如果你對一個人行善，是因為心軟而失去了判斷能力，你所幫的這件事情，對他而言，未必真的是好的。

如果他太過依賴，你只是變相的讓他依賴了你。

所以，行善力在人生當中，是我們一直必須要堅持、嚴謹及謹守的。擁有做好事的力量，是每個人都可以擁有、可以做的。

從小事做起，直到大事，都無所謂，因為我們日日都在行善。

所謂日行一善，就是希望不管我們能不能做到善力、善行，至少，我們要存到善心跟善念。

決斷力

一個人要擁有決斷力，必須要擁有足夠的智慧跟勇氣。

所謂擁有足夠的智慧，是在生活當中，他可以增廣見聞，吸取眾多的智慧菩提，然後變成自己的智慧來面對困難跟挫折。

一個人做事情要有勇氣，才能夠承擔結果，面對選擇不會優柔寡斷，會憑著自己的智慧來做決定，不需要他人的幫忙才能做決定。

有的時候，我們看見有些人會過度依賴他人幫忙而做決定，一點小事都無法依照自己的判斷來下決定，總是要詢問其他人的意見，總是要旁人做決定，總是要看著別人決定做某些事情，自己才會安心，他沒有了自己的想法，沒有了自己的決斷力，更不允許自己犯了錯。

有些人雖然很聰明，擁有智慧，他對人情世故涉略也非常多，但往往擁有了足夠的聰明跟智慧外，卻沒有了決斷力，也就是說，下決定這件事情，對他來說，是痛苦的。

明明不是重要的事情，只不過是單單需要去學習做抉擇，他都無法做決定，這個決斷力缺乏的情況，很容易讓本來一件簡單的事情，變得複雜了。

該在有時機點做決定的事情，變成拖延了，因為遲遲無法下決定，想要做決定卻又沒有勇敢的決斷力，而讓事情延期，招致更多的困難。

所以，為人處事，決斷力非常重要，除了勇氣之外，你還要有能承擔結果的勇氣。

千萬不要擔心承擔之後的後果，也不要擔心結果不夠美好，而無法使你做出決定。

一個勇敢的人，一個願意承擔責任的人，必須要想像，就算結果不好，我也應該要立即做決定，以結束痛苦；或是馬上做決定，以結束錯誤，這些都必須要有強大的勇氣，來做為決斷力的基礎。

當你擁有了智慧，當你擁有了決心，這些都還不夠，你必須要有決斷力裡的勇氣，才能夠協助你做出快速且正確的決定。

有些人在婚姻感情中，一直念著情分，就是所謂的情執太重，而不敢做出自己想要的決定，於是，就一輩子被桎梏在愛情的牢獄裡，無法離開，無法跳脫，任由另一半欺負、謾罵，或遭受不平等的對待，因為不敢做決定，而讓自己深陷痛苦之中。

我們的人身肉體，一定要了解到，當智慧開啟時，便是菩薩給我們的機會；當我們覺得環境已經變遷，人物已經變了個性或性格時，我們便要知道，這個人，我們是留不住了，那我應該做出什麼樣的選擇，對自己來說是更好的？

從這些紛擾的生活當中，去尋找自己要的，這就是一個決斷力的產生，不要再問他人：我做這樣的決定好不好？

不要再害怕承擔結果，不要再問別人，我這樣的決定對不對，是非對錯、結果，都是在下定決心之後，才會呈現出來的。

當我們擁有了決斷力，可以讓傷害減到最輕；當我們擁有了決斷力，可以讓事情的成效越快速的呈現。不要再拖延了，不要再無法做決定了。

如果你夠愛自己，去除不必要的煩惱，學習放手，學習遺忘，我們就能夠為自己帶來勇敢的決斷力，做出人生當中最正確的決定。

耐力

你是一個有耐心、耐力的人嗎？

一個有耐心、耐力的人，在認知上，他們獲得成功的機率，是比沒有耐心、耐力的人還要來得高的。

所以，耐心、耐力的修行，對我們來說，很重要。

訓練一個人要能夠有所堅持，培養他的毅力，還有持續力，這個人便需要有耐心。

所謂的有耐心，就是做一件事情，可以不厭其煩的做一遍、二遍，甚至是十遍，或是一千遍，他能夠持續、不斷的做這件事情，做同一件事情，漸漸的有耐心之後，就會產生耐力。

當然，要讓一個人要有耐心、有耐力，必須重視認知的過程。

認知所做的這一件事情，對你來說是好的，你就會有耐力，會運用耐心和耐力一直不斷地告訴自己要堅持，持續的做同一件事。

做一件事情，如果我們持續地在做，就可以訓練自己有耐心，有耐力，以求達到成效。

而人要怎麼樣才能夠培養自己的耐心跟耐力呢？

就是在你持續的堅持之下，讓你看見了成功的果實。

當你看見成功的果實，就如同給了你很大的鼓舞力量，你必定會抱持著想要更加進步的決心，對耐力、耐心便會有更深一層的領悟，也越心甘情願地想要持續下去，這就是我們在《靜心十分鐘》這本書裡面提到的。

很多人以為，成功就是成績最好，以及在起跑點上優勝的人，其實，這是不一樣的。

一個人具有堅強的毅力以及持續力，他能從頭到尾堅持地做好一件事，那麼，他的耐心跟耐力就會產生。

而人之所以會成功，是因為他比別人更有超強的堅持與持續力，為自己創造了有益的耐心、耐力，所以他贏得了成功。

成功不是贏在起跑點上，而是誰能夠持續地進行同一件事情，並能夠不顧及其他，沒有二心，修練成無我的狀態，這才能讓人領會到耐心、耐力所創造出來的成功。

所以，我們每一個人都必須要培養自己的毅力，懂得訓練自己從本身做起，做一件事情要不厭其煩，說明一件事情要如此重複，訓練自己有耐心，不要不耐煩。

當你不耐煩的時候，總是會不經意地散發出負面能量，而阻撓了你正在進行的事件。

所以，當一個人越憤怒、越煩惱的時候，事情往往越無法成功。

但是，如果你是放下，或是心甘情願的做同一件事情時，你會發現熟能生巧，很多事情，一次做，兩次做，三次做，甚至於做了一千次，很自然地，你便會習慣了，也已經學會了，這些對你來說，就不再是痛苦、難過的了，也不再是阻礙了。

所以，我們在培養耐心、耐力之前，必須要有個認知，要訓練自己擁有強大的耐心、耐力，要能夠持續的做一件事情，這就是一個有耐力的表現。

你的耐心好不好，從小事當中，就可以看見。

意志力

意志力主要是談論一個人對事物能否成功，能否堅持下去的重要關鍵。

一個人的意志力強或弱，會影響做事的成功與失敗。

當一個人擁有強大的意志力時，任何事情都不能夠阻撓他，也不能阻礙他想要去得到這些智慧，或想要讓事情得以圓滿成功。

一個人的意志力若是弱的，那麼，當事情遇到困難、挫折時，他就會在中間打退堂鼓，馬上就放棄了。

一個人的意志力，牽絆著成功的因果關係。

當然，意志力的堅強，也取決於這個人本身對事物的喜好而決定。

有的人喜歡一件事情，他的意志力是非常旺盛的。

他可以堅持很多他自己想做的，因為那是由他內在本身所喚起的自發性。

對於他所熟悉的事物，對於他所喜愛的東西，他擁有非常強的意志力，想要去控制它，想要戰勝它，或者想要得到成功。

但真正所謂的意志力，是不管你對這件事情是否有喜惡，是否有喜好，而決定了你要堅持下去的動力。

也就是說，當我們人在面對自己不喜歡的事物、不想要面對的事情時，你還能夠有意志力的去延續它、去完成它，甚至於是完成這個課題。

意志力是一種訓練，它不是一種喜好。

你不是根據你的喜好，而決定你的意志力是否堅強。

當我們要訓練自己的意志力，一定要學會，不管面對喜歡或不喜歡的事物，都不能夠因為自己的喜好而決定要不要做。

一個意志力堅強的人，只要認知到這件事情是自己必須要做的，也就是說，這件事情是只有你才能完成的，你就會用你強大的意志力來完成它。

很多人都說，要引起意志力，最大的因素就是誘導的成分，誘導的成因。

因為你可以誘導一個人，你可以先給予他美好的願景，而誘使他願意來做這件事情。

但是，培養意志力，修行意志力的增強，這是一種堅持，一種訓練。

它必須拋開個人的喜怒哀樂、個人的喜好，而讓自己的精神專注在某一件事情上面，並且告訴自己，一定要完成。

雖然，有些人會用告知目標，或未來所得之結果，來形成一個誘因，讓這個人因為想要得到這般美好的結果而努力。但這不是意志力本身想要訓練的。

我們通常是希望，一旦意志力出現時，會讓自己產生使命感而主動去完成它。

一件事情能夠持續下去，能夠努力的去完成，這就是意志力。

即便明知結果可能不好，或不如預期，也能夠擁有強大的意志力來說服自己，要努力的去完成這個課題。

我們都可以試試自己的意志力堅不堅強。例如，做一件你覺得很不喜歡的事情，或者是在烈日當頭下完成一件工作，你知道會汗如雨下，你可能會找很多藉口，你可能會用各種理由來閃躲。

又或者，在一個大太陽底下，你只是靜靜的站在湖邊看著湖水，看什麼時候會有魚兒游過。

在還沒有魚兒游過之前，你必須一直站在湖邊看著。

這時候，你什麼事情也不能做，你只能靜靜的看著，這是一種意志力的訓練。因為你手中沒有任何事情，你唯一能夠做的，只有一個目標，就是看到魚兒在你面前游過。

當沒有任何魚兒游過的時候，你就是必須矗立在那裡而不為所動，直到魚兒游過你面前。

這時候，你可能會有千百萬種的藉口跟想法，迫使你放棄現在這個舉動。

例如，你可能會告訴自己：「烈日當頭，我的身體受不了，所以，我要回家了。」

或者你會告訴自己：「現在頭暈、目眩、口渴了，我要回家了。」再來，你可能還會想到：「池子裡面根本就沒有魚，我即便在這兒繼續等半天也不會有魚出現的。」你會這樣安慰自己。

甚至於你會告訴自己：「沒關係！我先去休息，隔個十分鐘再來看也無妨！」

你會找出各種藉口、各種理由，讓你的意志力毫無抵抗能力，進而消除了。

所以，一般人常常在遇到困難之後，完全失去了意志力，進而失去了是非對錯的判斷能力。

當一個人擁有意志力的時候，便能夠告訴自己：「我所做的一切都只是為了一個目標，那就是為了眾生好，並讓自己能有所堅持的意念」。

不要擔心或害怕意志力不夠堅強而讓事情出錯。

一個人的意志力，是需要經過不斷的訓練的。

當你知道，自己對某一件事情產生執著，以致必須要完成它的時候，其實，用你的意志力加上你的專注力，一定能夠迫使這件事情有更好、更加圓滿的結果。

當我們的意志力被訓練成無所畏懼時，它就會成為我們難以想像的堅強、壯大。

我們必須要擁有強大的意志力，因為我們必須在混亂的世界中，還能有意志力來堅持一定要做最好、最善的事情。

抗壓力

我們每一個人都必須要有足夠的抗壓性，來去面對眼前的困難，以及眼前必須完成的課題，每一個人都必須要有承擔壓力的可能，與承擔壓力的勇氣。

在我們人世間，有時候，遇到某些事情的發展並不如預期，也並非如我們所想像的那麼容易時，我們便需要有堅強的抗壓性，抗拒壓力所帶來的挫折，抗拒壓力所帶來的傷害，並能夠勇敢的去面對這些困難問題的產生，且用我們的智慧、平靜的心來找出解決問題的辦法。

有的人說，抗壓性越低的人越不容易成功；抗壓性越高的人，他能夠承擔的壓力越多。

有些人抗壓力很強，他遇到困難的事情，也許可以承擔，也沉得住氣，他會用完整的眼界跟面向，去分析現在所面對的問題，然後，不慌不忙地把事情解決了。

面對事情的發生，一定要能夠冷靜，而能在遇到事情的第一時間裡冷靜下來，就是所謂的抗壓性了。

抗壓性強的人，就算是在他眼前發生了天大的事情，他也是能夠冷靜的幫助自己思考，去觀想問題的所在，並找出解決問題的辦法來。

這個抗壓性對我們來說，非常重要，生命當中，有很多修行力跟抗壓性有關，當你第一時刻面臨到問題時，你可能會沮喪、難過、悲傷，你會不知所措，但在這些情緒結束之後，你就必須要告訴自己，我要拿出我的勇氣，拿出我的抗壓性來面對這個問題！

以前有一個和尚，他一旦遇到問題時，第一件事情就是去唸經拜佛，請求菩薩幫忙，他認為，與菩薩溝通是最直接的方式。我把問題交給菩薩，讓菩薩來給我靈感，幫助我解決問題。

於是，他在廟裡面不斷的唸誦經文，當他遇到問題的時候，有時候唸幾千遍，有時候唸幾萬遍，就是希望佛菩薩能夠顯現智慧給他，讓他解決問題，可是，他並沒有想到，真正要解決問題的人是自己。

如果我們都不曾面對過問題，又怎麼會知道問題的所在。

如果我們都不曾真正經歷過問題的傷害跟困難，怎麼會有成長呢？

後來，這個和尚唸經、打坐了一段時間，心裡想，為什麼佛菩薩還是不給我感應？

為什麼我唸經文那麼多天了，佛菩薩還是不給我解決問題的辦法？

到底是哪個環節出錯了？

有一天在夢中，佛菩薩顯現了，告訴他說：「和尚啊！你若是只會唸經拜佛來求菩薩，而不知道要怎樣真正的去面對問題，那麼，你怎麼會看見問題真正的面貌呢？你怎麼會發覺問題的所在呢？所以，請你停止唸經拜佛，趕快去面對問題，解決問題，這才是你真正要做的，這才是菩薩給你的靈感力。」

你必須擁有抗壓性，去抗壓這些問題，才能夠從這些問題當中找到答案。

不要像這個老和尚一樣，成天只會唸經、打坐，希望尋求解決問題的辦法，如同我們人世間，一般人遇到問題時，不知道該自己解決，不知道該自己面對，反而去求爸爸媽媽來幫我們解決，或是只唸誦觀世音菩薩，便希望問題能夠有所解決，這都不是一個對的方法。

生活是自己的，困難也是自己面臨的，所以，我們需要鼓起勇氣，告訴自己，我就是要努力的去面對這些問題，而這些問題，在我面對之後所產生的智慧，才會一輩子、永續的跟著我。

每一個人都必須要培養自己的抗壓力，每一個人都擁有自己的抗壓性。不斷的提高自己的抗壓力、承受壓力的程度，這也表示，在生命成長的歷程中，我們越來越能夠接受各方不同的資訊與各種壓力，而讓我們能在隙縫中求得生存與成長。

這就是我們在生命修行力當中，最重要的一個抗壓力。

修忍辱

願意學習忍耐，願意承受傷害，而不予以反擊或是反駁，這就是一種忍受辱罵之力。

我們常常會在生活當中，看見有些人在行為或語言上傷害了別人，而受傷的那個人，他不做任何回應，這就是一種忍辱。

「修忍辱」這門功夫，可以消除負面的能量，可以引發強大、正向的能量。

例如：你看見某一個人，對其他人做了不好的事情，而這些人願意原諒他，你可以從他們的心中、他們的面相，看見強大引發正向的能量。

學會原諒的時候，就是大福報的降臨。

當你看見一個人曾經犯了過錯，但此時，你願意放下那些過錯，並原諒他時，大福報也跟著降臨在你身上。

所以，我們在修習忍辱這門功夫的時候，千萬不要去看別人的是非對錯，也不要對他人所做的事情有所批評。

自己看見了不對的事情，發生了不對的事情，也不要自己對號入座，更不要用你自己的想法來臆測別人的想法。

別人只是單純的發了一篇文章，你自己就對號入座，就認為對方是在辱罵你，這就不是忍辱的功夫了。

忍辱的功夫是：就算你聽見了什麼、看見了什麼，也不足為奇，也不會為其所動。它不能夠動搖你的心，也不能夠透由文字跟行為來傷害你。

你對於別人給予的傷害，完全的包容，完全的接受，更不去在意。

這就是一種忍辱。

忍辱是所有持戒裡面，最根本、必須要學習的，也是最難的。

佛在修習因緣時，常常說明：修「逆因緣」，是我們持戒人或是修行人最重要的一門功夫。

不跟你在同一陣線上的人，對你有所批評的人，甚至於是想要陷害你的人，這些人就是在訓練你學習忍辱的功夫。

有些人會出現在你的生活當中，不經意地批評了你，或是刻意、故意的陷害了你，或是在背後說你的壞話，其實，這些都是你的逆境菩薩。

我們要學習讓他罵，讓他批評我們，因為我們是在修行忍辱。

如此一來，若可以承受辱罵跟行為上的傷害，其實也是在幫我們消除業障。

只要有人用辱罵我們的方式對待我們，我們要感謝對方願意用自己自身的逆境因緣來訓練我們，他會給予我們成長的指標。

當我們學習放下跟原諒的同時，其實也樹立了一個很好的典範，感化了其他人。所以，忍辱是人人都必須要學習的。

你要學習感恩傷害的存在，學習感恩逆境菩薩讓我們成長。

面對辱罵，我們要能夠喜心自在，而不動氣，並且感謝放下這些辱罵，當作沒有進入到心裡面。

當你修忍辱之後，便會真實的到達一個無我的境界。

無我就是，什麼都不在意了，什麼都不是我了。

也就是說，當別人對你怒罵，就算是指名道姓，你也不會認為那是一種辱罵，你會認為那是一種鼓勵，或朝另外一個面向去剖析。

你會學習接受，你會學習不抗爭，甚至於不去爭辯，就讓對方做他想要做的事情，就讓這些因緣隨緣吧！

雖然這一點不容易，但是忍辱的功夫，就是必須要這樣澈底的執行。

在辦公室裡面，我們常常會遇見我們生活當中的逆境菩薩，他可能會刻意的找麻煩，刻意的雞蛋裡挑骨頭，勢必就是要讓你難堪，或是讓你無法承受眾人的壓力或眼光。

當有這樣的人出現時，你一定要時時的提醒自己，目前你在修忍辱的功夫，自己千萬不要對號入座。

但是，你可以自我反省：「我是不是有對方說的那樣？」

當你的逆境菩薩說出一段話來辱罵你的時候，一定是有什麼我們不足的，或有讓對方感覺到難堪或不舒服的地方。

「我在心裡誠心的懺悔，發心、發願的希望對方怒罵我的同時，也可以得到解脫。而我在聽到這些辱罵之後，我也要選擇原諒跟放下。」

這樣，就會有一個強大的力量，來指引我們往正向去思考。

大福報會降臨，會經由這些怒罵來消除我們的業障。

所以，我們怎麼能不修忍辱呢？

讓他人發洩吧！

讓他人訴說他自己不滿的情緒。

我們學習著忍辱，學習著接受，學習不在意。

好好的修逆境因緣，持戒、忍辱，如此，才能擁有更美好的人生。

當怒罵的言語跟行為出現在你面前時，你若仍是一派感恩的心迴向給對方，那麼，就沒有什麼好爭辯的了。

忍辱修到最後一個境界，就是事事都能接受，事事都能平靜。
尊重每一種想法，感謝每一位逆境菩薩的存在。

斷捨離

過去，我們談過減少的法則，就是不管什麼物品，人事物都儘量能夠減少到單純化的過程，叫做減少化的法則。

昔日，人們所熟悉知曉的就是「斷捨離」，多用在減少物品方面的一個方法。

現在，我們要將這個方法——斷捨離，運用在心理上面，也就是說斷——斷除惡習、斷除不好的，凡是對我們產生負面影響的，我們就要懂得斷離，要懂得斷除它，讓這些不好的，不是正向能量的，不要存在心裡面。

斷除，其實還有切割的意思，代表你在意識形態中能夠分辨，什麼事情是對你好的，什麼事情會對你有負面影響的，你要懂得割捨，懂得斷除，讓這些事情不再靠近，或讓這些事情沒有這樣負面的想法。這是一種斷除。

根除不好的習性，也是一種斷除。

當你認為自己在某方面有不好的習慣，不好的影響，在反省過後，就應該要勇敢的斷除這樣的習性，告訴自己不貳過或者不再犯，甚至是不再靠近。

例如，有些人吸毒或是嗑藥上癮，產生了不好的行為，你都要能夠立定自己的意識，能夠去除掉這些不好的惡習，迎向正面、有希望的能量跟生活。

捨就是捨去，放下不能夠捨的，能夠少就是一種福氣，不要再貪求、貪多，這裡的捨去，還包含了建立去除貪嗔痴的欲念——欲望的念頭。

能夠捨，代表你能夠放下，能夠分離；能夠捨棄，代表你已經在內在持續呈現放空的狀態，你認為不能留在你身邊的，不能長久使用的，都能夠去除，那麼，在我們心中，同樣地，也可以學習捨去長期以來對我們有負面影響的事物。

我們要將這樣的恐懼捨棄，我們要將這樣的不安放下，我們不要再鑽牛角尖，不要再去守住或是捨不得那些曾經讓你傷痛的過去。

學習能捨就能夠有獲得，你能夠捨去，不看自己失去的，你能清楚的辨別，當你捨棄之後，你所得到的也許比你捨棄的多更多。

能夠有捨，才能夠有更多的空間，讓你在心中放入有智慧，對你有幫助，或對人生積極面有幫助的事物。

當你的心清出了某些空間，當你能夠捨去，才能夠包容更多，得到更多。

那麼，在離斷這個部分，便要懂得一個因緣具足的規則。

很多緣分都是分離、離開的，緣分總是來來去去，當分離出現的時候，你要能夠清楚的面對，而不逃避，知曉分離的主要因素是什麼，當你知道分離是必須的，那麼，你就要清楚的告訴自己的意識，這是要分離的。

這是因緣具足下所產生必須分離的狀態，若如此，也衷心的祝福對方，未來能擁有美好的人生。

將斷捨離用在我們心理層面，去蕪存菁，留下淨化、美好的心靈，去除焦躁不安、繁雜的煩惱與無名，這對我們的人生，有很大的幫助。

在人生的修行路上，很多時候，我們無法做到斷捨離，因為我們是帶有情感的，總是對這些情感多所保留，或多有牽制，總是很難說放就放的，但是，從這一刻開始，我們要開始學習斷除自己不好的習性，捨棄長久存放在心中不好的事物。接受分離是正常的，是自然的，緣分的緣起緣滅，是能夠被接受的，並且能真心的祝福對方。

就將斷捨離用在心理層面，去除負面的感受，增加正向的能量，我們便可以在修行的路上，更加的勇敢，更加的努力，你會懂得放下，如此，走在修行路上的包袱，也才能變得越來越輕盈。

去我執

去除我執，才能夠尋找到生命解脫的方法。

去除內心的執著，或是去除內心堅持一定要完成的事物，或是專注在對事情我執的看法，去除掉這些我執，或去除掉這些執著，才能讓智慧流動，進入到你的人生，達到無我的境界。

如果我們人一直不斷的在意自己的感受，在意自己有無的存在，或者是在意自己在當今社會當中的重要性，那麼，就無法去除我執了。

想要去除我執，必須要達到無我的境界。

去除偏執，去除妄為，去除妄執，去除這些，才能將業障去除。

如果，我們執意的偏執某些事情，或是主觀的認定了某些觀念，這通常都是因為業力引起，讓人執著，不願意去除本身固有的業力，而將它帶入此生。

如果我們不做改變，就無法離苦。

如果我們不能去除執念，就無法脫離煩惱。

能夠去除我執，才能夠將他人放在生命裡的中心，才能為他人著想。

當你為他人著想，已經忘了自我能否有收穫的同時，你已經去除我執，你已經達到無我的境界了。

什麼都不在意，就沒有失去什麼。

什麼都沒有失去，就沒有煩惱什麼。

當一個人沒有比較心，沒有偏執的時候，就能夠達到中庸之道。

因為已經沒有什麼事情，能夠讓你在意的，已經沒有什麼事情，能夠讓你執著或憤怒的，如此，就不會產生煩惱，就不會因為煩惱沒有被解決，而眉頭深鎖。

那會讓人不自在，心靈不自由，無法開啟自己的明心見性，便無法可依歸，無佛法可依循。

靠近佛法，是為了尋求自身解脫之法；所謂的自身法，就是對自己好的方法。

每一個人學習修行的態度跟方式都不同，善用其中，適應每一個人的人格特質不同，而運用了不同的佛法，才能讓自己此生的智慧到達某一層級。

不斷的透由提醒自我，以及去除我執，去除掉這些煩惱、無明，我們才能行菩薩道。

當我們去除我執的時候，對人一心向誠，一心向念，沒有絲毫的偏頗，對人一念至誠，那麼，就是修行路上去除我執最棒、最好的做法。

當你已經不再是以你為中心目標，而我也不再以我為中心目標時，我們就產生了為人、利他而產生的情愫與堅持。

那麼，我們就會努力做好更多事情來利益眾生。

記得，在去除我執的過程中，一定要懂得放下自己，一定要把他人的利益、他人的優點放在前頭，仔細的欣賞、感恩這些人用生命教化了我們，用行動證明了善的存在，用去除我執的功夫，來證明我們願意用念力、願力來成就他人。

脫軌的改變

改變在當下。

菩薩一直鼓勵人們要不斷的做改變，要尋求改變的動力。

但有時候，我們缺乏了讓我們去改變的那個動力。

因為我們害怕失敗，缺乏自信，所以有時候，要主動尋找改變的動力，是非常困難的，也是令人害怕的。

我們都害怕改變了之後，結果是我們無法掌控的，結局不是我們想要的，那會讓人感到不安與恐懼，但是，若不願意面對，就無法成長；不願意解決，問題就會一直存在。

有時候，改變會在你的生命中，發生一些挫折，例如，讓你感受到可能失去的威脅，才開始覺察到改變的重要。

有的人，看似非常堅強、非常獨立，但在他的內心，其實是感到非常不安的。害怕生活當中有任何的一點小變動，會讓他的生活動盪不安，因而起了很大的變化，這便是他心裡無法承受的。

有些動力，是需要在被強迫的環境下，才能讓人改變的。例如，有些人頓失了依靠，他必須要自給自足，好讓生活有著落，因此，他就必須要改變現在的生活，因而選擇去工作，或是去重整自己目前的生活。

有些人失戀了，失去了愛人，才知道原來需要好好珍惜身邊愛你的人，但是，當你清醒地發現這些問題時，愛你的人卻已不在身邊，已經遠離了，你想要挽回，也已經來不及了。

很多人在失去戀人的時候，都會哭喊著說：「我哪裡做的不夠好，你告訴我，我願意改。」

或者說：「只要你能夠回來，跟我復合，我真的會改，我會改變，變成你要的那樣。」

很多事情，等到失去了之後，才懂得珍惜。

這些改變的動力，是來自強迫性的被改變，這也強迫你必須要面對這些改變。

因為外在的環境與人物改變了，也迫使你需要改變，才能繼續。

改變，是為了生存。

如果沒有辦法改變，就可能會迫使你無法順利生存下去。

所以有些時候，我們碰到重大事件時，它可能是一個改變的開端，也是一個強迫人成長的開始。

人都害怕失去。

失去了，等於發生了重大事件，這才會讓人害怕，才會讓人勇於改變。

這個改變可以訓練人變得獨立，訓練人變得堅強。

遇到困難，才會知道，有些事情是因別人幫你安頓好、計畫好的，才能讓你無後顧之憂的生活著。

有些人沒有錢了，沒工作了，沒有事業，甚至於沒有了家庭，才想到改變的重要。人一旦失去了，才會意識到自己所擁有的。

受了傷，才會想要振作，也才知道自己生存的價值在哪裡？

否則，可能會一味的依靠旁人、親人給予的幫助，而忘了自己生存的價值，也忘了自己存在的必要性，甚至於忘了自己。應該要學習為自己的生活付出一些代價，我們不能總是依靠他人，而他人對我們的付出也不是理所當然的，如果不懂得珍惜，福氣很快就會離我們而去了。

過去有人幫你，讓你覺得安心。

現在失去了，沒有人幫你的時候，便讓你混亂失措。

有些人總是害怕改變之後的失敗。

害怕面對失敗，就更難勇於改變，更害怕改變了。

人總會想著最好都不要改變，依循著舊規、舊軌找到前進的方向，認為這樣是最好的；或者依循前人的行事風格、方式來找到目標，並讓自己前進，這是讓人最安心、無所畏懼的，因為前人都已經幫他經歷、開拓過了，前人給予了經驗分享，所以，他們就會比較安心的去做在正軌上的事。

我們要學習前人分享給我們的知識與經驗，懂得尊重他人給予我們的意見。菩薩也鼓勵大家，有時候，脫離正常的軌道沒有關係，你是去探索，去學習。

如果你聽見生活當中有人告訴你：「不要脫離常軌好嗎？你這樣做的事情並不是正確的。」或是告訴你：「你現在做的事情是不同於以往的傳統跟經驗，你會失敗！」甚至於，有些人會告訴你：「脫離常軌，你就注定要翻覆滅亡！」

當你聽到這樣的話語時，你一點都不需要驚訝，還要有同理心的告訴自己：「我只是脫離常軌，暫時的去探索我自己的人生，最後，我還是會回到原來的軌道上。」

所以，不要害怕脫軌。

脫軌不要太長久或偏離太遠，你可以當它是一趟探索之旅。

脫軌是為了訓練你在正常軌道以外的生活，但它並非是個錯誤。

所以，脫離正常軌道，就當作是人生當中新的冒險吧！

我們的改變就像脫離軌道一樣，原本想要循序漸進、順利的達到目的地，但中間總是會出現一些突發事件，迫使我們改變了自己的方向，或改變了自己慣用的方式。

這些都沒有關係，就當作是我們脫離軌道以外的學習，不要害怕失敗，這些都是探索的過程。

靜下心來想想，現在的你，如果可以脫軌而行，你可以去探索這個世界，你會想要讓自己的生活有什麼樣的改變？

是放下工作，暫時休息？

還是想去落實一連串的計畫？

沒關係！對你來說，做任何的改變，都是好的。

因為這些改變，都是有它的必要性與意義。

也許脫離了軌道，你會找到自己新的路，找到新的方向，那麼，你就是創造了自己心的軌道。

萬事萬物皆未有一定的定論，勇敢的去嘗試、冒險，擁有願意承擔的勇氣，那麼，你的冒險之旅就不用擔心會迷失了方向，因為你總能靜下心來，為自己找到一個新的方向。

生活中修行

持經文的注意事項

唸經一定要端正。

三稱：如果它有標示三稱的地方，這句就要唸三次。

三拜：你如果不方便三拜，自己的心也要三拜。

三稱三拜：唸第一次，三拜。唸第二次，三拜。唸第三次，再三拜。跪拜，你的血路會暢通，它會消除你身上汙穢的負能量跟髒氣，讓你的身體變得更好。

好多人不懂得怎樣唸經，不知道該怎麼唸。

如果我們是要持整部經文，它一旦有爐香讚，你便須要從爐香讚唸起。

爐香讚，就是我們要唸一部經文時，先進行暖身的部分。

經文若沒有爐香讚時，便依照該本經書內容為主，不要罣礙。

日常在外面搭車時，可以不用唸。

什麼叫做整部經文？

以金剛經為例，金剛經的整部經文，是包含金剛經、心經、大悲咒……，這樣才稱做一部經，你若要唸誦一部經，是指唸誦完整的內容。

金剛經是金剛經本身，但是，如果你要唸誦金剛經，以持有完整功德的話，你必須連後面的心經、大悲咒等都要持頌，要唸完整部經文。

持一部經文，必須要唸完整本，因為功德有所不同。

要從爐香讚開始唸起，之後淨口業真言、淨意業真言、淨身業真言……，要一路唸，全部唸，也都迴向。

最後一定有個迴向偈，迴向偈一定要念，因為這是迴向。

迴向偈唸完之後，你可以說：「恭請南無觀世音菩薩做主，將此部誦經功德迴向給某某人所有的親朋好友，跟這世間所有的眾生。」這是最完整跟最圓滿的，因為我們都不希望這功德只在我們自己身上。

不要忘記，你迴向這部經文給十個人，不是一個人分十分之一，而是每個人都擁有一部。這功德是無量的。

為什麼你需要主動恭請菩薩？

普門品就是在解釋觀世音菩薩為什麼叫做觀世音菩薩。

普門品提到：「若有無量百千萬億眾生受諸苦惱，聞是觀世音菩薩，一心稱名，觀世音菩薩即時觀其音聲，皆得解脫。」

觀世音菩薩為什麼名叫觀世音菩薩？是因為祂觀其音聲，救其苦。

祂聽見只要有人稱念「南無觀世音菩薩」，或者一心稱念「觀世音菩薩」，祂就可以立即感受到這個人很需要祂。

所以，你也許什麼話都不用說，菩薩都了解，祂知道你身上的苦痛、難過。

這就是為什麼祂稱為觀世音菩薩。

林林總總很多事，你若會害怕，你就恭請菩薩。

菩薩說，其實，菩薩需要你恭請。

為什麼需要你自己主動恭請？

你不說，菩薩也知道你有麻煩。

你不說，菩薩也知道你遇到困難。

但你不說，菩薩不會出手。

為什麼？人總是要主動的為自己做些什麼。

如果你都不曾祈求過菩薩幫忙，就像是你在屋子裡面，一直在陰暗中，不見陽光。你需要陽光照射，但你又一直待在屋子裡面不願意出去，你永遠照射不到太陽，陽光便無法幫到你。

當你一個人躲在陰暗的房間裡面，外面有陽光，你需要去照陽光時，你卻硬要躲在陰暗的房子裡面，不願意出門，如此，菩薩也沒有辦法把你揪出去，讓你晒到陽光。

所以，只有你自己願意走出去，你才能夠看見陽光。

就如同你明明知道觀世音菩薩一直都在，你不對祂祈求，你不對祂發願，祂不會主動幫你的。

所以，你必須祈求，你必須恭請。

你想要晒到陽光，你就必須要走出屋子去接受陽光的洗禮。

你想要接受菩薩對你的幫助，你就必須自己恭請。

你遇到困難，菩薩知不知道你遇到困難？知道。

但你不說，不恭請，那麼，你就會在那邊耗著，看你撐到什麼時候。但等到有一天你想恭請的時候，菩薩也一定是會幫你的。

或許，因你的倔強、脾氣或個性，你會告訴自己：「我一輩子沒辦法改，我就是這樣。」

但有時候，我們也要將自己放軟，放下身段，懂得去拜託別人，懂得去祈求。假設你都是不求人的，至少你學習祈求菩薩。

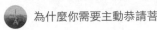

覺得人身肉體很苦，你就祈求菩薩。

這是為什麼要恭請菩薩的原因，就是要給你一個方法，讓你可以跟菩薩聯繫上。而這個方法，你如果仍不做祈求，菩薩也不會幫你。

你若遇到苦難，卻選擇在那邊等著菩薩幫忙，這是不對的。

當你遇到痛苦，遇到困難，需要幫忙時，你至少要祈求菩薩。菩薩一定會聽見。

祂會聽到你的需求，也會去判斷你所需要的，祂擁有大智慧，知道你要什麼，祂會給你很大的幫助！

當然，不是在事事都恭請後，就以為會有結局、結果，因為菩薩也會有祂智慧的判斷。

我曾經問過菩薩：「一個人若一直不斷的恭請祢，三不五時恭請菩薩，做什麼事情都要找菩薩。例如，有人連身體不舒服也要恭請菩薩，請求菩薩讓他的身體可不可以好一點？這樣的祈求，菩薩會不會不耐煩？」

菩薩說，不會！祂會很有耐心的聽眾生說每一句話，祂認為，那是他內心真實的需要。菩薩認為，不會有一個人無緣無故恭請菩薩之後，講了一大堆不該講的話。所以菩薩說，祂聽進了每一個人的請求。

你可以一直恭請菩薩，說出你的需求，菩薩不會嫌麻煩的。

【為什麼要「恭請南無觀世音菩薩」九次？】

你只要發心、發願，一心稱念觀世音菩薩，你就可以跟觀世音菩薩有共通的感應。你所說的，你所做的，你所遇到的困難，就可以傳達到祂那邊。

為什麼我們要恭請菩薩九句？

以前的人，只要一到了廟裡面跟菩薩說話，菩薩就能夠相應，只要他夠誠心，只要他能夠一心稱念就可以。

以前其實就只要「南無阿彌陀佛、南無阿彌陀佛、阿彌陀佛……」，或只要「南無觀世音菩薩、南無觀世音菩薩、觀世音菩薩……」就好了。

為什麼現在要恭請？

因為我們有太多外務干擾了，已經難以靜心了，甚至於沒有人可以教我們，或可以很明確的告訴我們，現在可以立即跟菩薩做溝通了。

所以，我們要「恭請南無觀世音菩薩」九次，來代表我現在要非常恭敬的來恭請菩薩，並且開始跟菩薩對話了。

我們在恭請九句時，在這個過程當中，吐息、調息都會進入到一個最佳的狀態，因為你什麼都不會做，什麼事情都會放下來，包括你的手機也放下來了，你只是專心的知道要恭請菩薩。

我相信你們在任何地方，在任何一個時間點，當你們要恭請菩薩時，一定是把手邊的東西放下來的。

因此，我們便知道，這不是單單恭請菩薩九句的問題，其實，更是為了要讓自己靜下心來，才能跟菩薩做相應。

菩薩教我們這個方法，是給我們人類眾生的一個方便法門，讓我們知道，我現在要開始恭請了，就表示，我要開始跟菩薩做對話了。

所以，這給了我們一個很簡單、很正確的方便法門。

普門品真要

【一心稱念，不需外相】

菩薩要傳達一個很重要的觀念，在普門品裡面有提到：很多東西是無相的，只有感受。

我們這次去普陀山，除了帶領大家祈願行之外，還幫助了很多無形跟有形的眾生，一起為祂們祈福，一起讓菩薩帶走祂們。

之前，我們在法雨寺祈福，有繞佛塔的儀式，有唸金剛經，有唸唵嘛呢唄美吽，有唸祈福卡，我們都一直圍繞在形式上。

到了後來，我們到南海觀音，恭請完菩薩之後，只是短短的七七四十九句唵嘛呢唄美吽，竟然就讓祂們跟著菩薩回家了。時間這麼短，辦得到嗎？

菩薩要傳達給大家的就是：是的，菩薩把祂們都帶走了。

菩薩接走祂們了。

到普濟寺之後，我們有一個新的體驗。

不用唸金剛經，也不用唸嘛呢唄美吽，什麼都不用唸。

我們直接恭請完菩薩，就自己靜默祈福，連恭請也是在自己心中恭請。

這一天，我們全部的人都全神貫注，一直不斷的為他人默禱祈福。

可能有些人會覺得，這樣子有用嗎？這樣子可以嗎？

菩薩告訴我們：只要你心中有菩薩，你就只需要一直不斷的祈福，一直不斷的唸。

其實，你只要相信，能量都會出來，願力就會出來，力量也會出來。

所以，菩薩正在一點一滴的去除這些外相，去除我們對人物、事件、外相的執著。

菩薩要我們體會，什麼叫做沒有形式，不住外相。

有時候，我們會希望得到保佑，認為一定要燒香、焚香，一定要燒蓮花。

要去除這些！

記得，不是要付多少錢，效力就會比較強。

把這些錢省下來，便可以把這些錢捐去需要的地方。

不要去在意我們一定要做什麼儀式才能夠得到什麼。

菩薩要我們去除「執著外相」這件事情。

法會只是因集合眾人之力，力量因此變得更強大，速度會比較快一點而已。

但是，擁有自己的誠心誠意來做這件事情，是更棒的！

幫助往生者，幫助有形無形的眾生，幫助自己的冤親債主，可以自己來！

自己幫自己的家人祝福，幫自己往生的親人超渡祝福，而且每天在家裡都可以這麼做。

以後不管你做任何事情，不管有沒有那個儀式，你都知道，菩薩一定都在。

這就是普門品的真要。

我們幫眾生祈福的時候，是不具任何形式的。

大家只要儘量靠緊，能量愈聚集，愈專注，送上去的力量便愈強，大家祈求的事情也愈平安。

不具任何形式的意思是，或坐，或站，或盤腿，都沒關係；要坐就坐，要站就站，要跪就跪；不說話，不唸出聲音，也沒關係，只需要一直不斷的祈福。

你只需要靜下心來，定下心來，心中專注的一直祈求你所要祈求的人、事或物。你如果知道有需要幫忙的人、事、物，你就去為他人祈福。

如果沒有特定對象，或是你已經說完特定對象了，你就可以幫助眾生祈福。祈求這世間所有的眾生都能夠離苦得樂，尋得解脫。如此一直不斷的重複。心無旁鶩，什麼事情都不想，就只想著：我希望所有的人都很好。

跟你沒有任何關係的人，為什麼要去幫他們祈福、祈願？因為你為別人好，你希望大家都好，不為私。

為所有的眾生祈福，跟我們沒有緣分的、不認識的人，我們也發心、發願的去做這件事情。為他人，不提自己，這個願力是非常宏大的。

也許，我們沒有辦法藉由外在的形式，去感受我們所祈求的力量，但不要忘記，我們心中只要愈沉靜、愈堅定，我們祈福的力量就愈大。

所以，我們在祈福的時候，無論如何一定都要全神貫注，非常專心、非常虔誠的專注在祈福上面。

經由你的意念所發出來的每一個文字，你所唸的每一個字句，都是一個最大的祈福力量。因為你是利他，而不是為了利己。

當然，在一開始的時候，如果你有什麼煩惱又浮現上來了，就請先把自己的事情處理好，才能夠幫助別人。

因此，在一剛開始時，你可以先說明自己的事情，說完之後，放下之後，才開始做利他的動作。

【施無畏】

菩薩施無畏，祂什麼都不害怕，祂什麼都不恐懼，祂什麼也都不想要，祂真正想要的，只希望人們脫離痛苦，離苦得樂。

我們都應一直奉行觀世音菩薩的精神，只要看到有人需要幫忙，請你不厭其煩的上前關心一下，幫助他們，因為你都可能是別人的菩薩。

不要忘記，我們信奉觀世音菩薩，就必須行菩薩道，發心、發願做利他的事情。施無畏，心甘情願。

菩薩道很辛苦，因為永遠只有利他，沒有自私。

所以，也許會做許多事，也許會很辛苦，也許會被埋怨、抱怨。

但請不要忘記，所做的一切，都是值得的，至少你心裡面都是滿滿的福氣跟慈悲，衍生出來的是可以利他人、幫助他人的，這些都是好的。

【慈悲靈感，以種種形，度脫眾生】

普門品提到：「是觀世音菩薩成就如是功德，以種種形，遊諸國土，度脫眾生。」

菩薩降世肩負著普渡眾生的責任。

菩薩到中原的時候，第一個落腳的地方就是普陀山的洛迦山。在洛迦山上面，剛開始時，祂營造了一個很好的修行磁場，然後教化這些動物、花草樹木，並開始影響了人。

當有人發生困難，希望尋求幫忙卻不知道要找誰時：「誰可以來幫幫我？到底誰可以來救我？誰可以幫這個忙？」有人出現了，幫了忙之後，人家要答謝祂：「我真的很想要謝謝你，我該怎麼謝謝你？」那時候，菩薩都只有說：「不用謝我了！你只要記得我的名字，我叫觀世音。」

當有人需要祂的時候，祂就會出現來幫助他。祂可能幻化成一個老婦，可能幻化成一個小孩，一個老人，一個壯年，或是一個婦人，祂會幻化成各種不同的樣子，予人即時的幫助。

最後，這個人被觀世音救過，那個人也被名叫觀世音的人幫助過。

直到傳開來才知道，原來，大家都曾經被同一個人幫助，但祂幻化成不同的樣貌，名為觀世音。

原來祂就是大慈悲心、大悲大慈的觀世音菩薩，所以，人們從此膜拜祂。菩薩到了普陀山的時候，便在紫竹林禪寺那邊，打坐、講道，也顯化了許多的神蹟。

島上的人便開始盛傳菩薩很靈驗，大家因此想要去普陀山朝拜。菩薩從洛迦山到普陀山本島，顯化了很多的神蹟，都是為了要讓眾生認識觀世音菩薩。

【供養觀世音菩薩】

在普門品裡，會看到一句：「無盡意菩薩白佛言：『世尊！我今當供養觀世音菩薩。』即解頸眾寶珠瓔珞，價值百千兩金，而以與之，作是言：『仁者！受此法施珍寶瓔珞。』時觀世音菩薩不肯受之。」

無盡意菩薩聽到觀世音菩薩為什麼叫做觀世音菩薩的因緣，非常的感動，馬上把祂身上戴的寶珠瓔珞拿下來，要供養觀世音菩薩。

觀世音菩薩不願意，觀世音菩薩不接受供養。

這就是我在一剛開始辦事的時候，菩薩就教我的：「不可以收禮，不可以收人家的東西。哪怕那個東西你有多想要。你很想要，用錢跟他買，但他就是不能供養你。你不是佛，你沒有資格被供養。」

菩薩告訴我，一旦我接受任何人的供養，有一個人給了我一個東西，我就會想要有別人再給我一樣東西。而有了這兩樣東西之後，我就會去比較誰給得比較好，誰給得比較不好。下一個人再給我，我就會開始看看，誰又給我更好的了。

講到供養，其實，坊間也流傳很多供養的方式。

大家在供養某些人或捐助任何機構之前，其實要想到的是，你們的錢賺得很不容易，不要浪費了你的錢，要用在對的地方，以及需要的地方。

花點時間做功課，花點時間想一想，再把你的錢捐出去，這個錢才能發揮最大的效用。

清淨慈悲

普陀山是菩薩一直在護持的道場。

菩薩選擇普陀山這個地方，是因為它真的非常清淨，它是一塊淨土。

普陀山是一個非常清淨的道場，那裡擁有很多慈悲集合的眾生，有很多發心、發願的事情要做。

從發源開始到現在，普陀山的變化不大，還是保有它很單純、純淨的一面。

以前，普陀山就是一個很純樸的地方，大家就只懂得唸佛、拜佛。

很多人會藉由香燭，達到「有拜拜」這個動作，所以他安心了。

雖然，他沒有什麼錢，但他仍願意捐獻一點錢，以代表自己的誠心誠意。譬如說，他僅有一百元，但他捐了十元，他也捐了很多，因為他把自己所擁有的盡可能的給了菩薩，這就是「供養」。

普陀山這個地方，可說是有求必應。

人為什麼絡繹不絕？為什麼香客眾多？因為大家來到這兒許了願，就會有很深的感應，當願望成真了，大家就會來還願。這是每一個人幾乎都會做的事情。

普陀山因為愈來愈需要財物上的付出跟建設，所以你會發現，普陀山愈來愈不一樣了。但菩薩說，本質是沒有變的，目的也是沒有變的。

菩薩一直都希望，大家是帶著虔敬的心靈來朝聖的，是沒有任何形式的。

菩薩希望大家來朝聖的時候，來看菩薩的時候，是沒有準備什麼東西的情況下來的。你不用穿著華服，你不用帶供品，不用點香，都不需要。

因為我們是在心裡面恭敬，我們的十隻手指其實就是非常崇高的三柱清香。

菩薩希望大家不管身在何處，處處都是普陀山。

你不一定要到這個地方來才能還願，把錢省下來，多做一些對自己、對社會有幫助的事情。

菩薩說，想念菩薩，菩薩在心中，菩薩一直都在。

念念勿生疑

當我們人往生了，該如何找到菩薩，我們都很清楚。

當你害怕自己即將往生，或是你知道自己即將往生時，心意要堅定，不要害怕，全心相信：「我是菩薩的弟子，我皈依菩薩，我相信菩薩，我一輩子都會跟著菩薩，請佛菩薩來帶我走。我相信菩薩會帶我去我應該去的地方。」

你只要心意非常的堅定、相信，即使是往生時，也都不會感到害怕。如果你一心相信觀世音菩薩，你絕對會得救。菩薩一定會盡祂所能的保佑大家平安。

記得，只要你需要菩薩，一心稱念觀世音菩薩，菩薩真的都在。

當你很無助、很需要祂的時候，你可以去唸這部普門品，因為你很需要菩薩。

其實，普門品具有強大的力量，可以讓你更堅定的相信菩薩。

當你需要幫助的時候，你就告訴自己：「我相信菩薩！我相信菩薩會幫我的。」然後，請你朝著自己的方向，將該做的本分做好，菩薩都在看，而且會用智慧來分辨。

因為要不要改過，要不要改變自己，要不要重新整理一下你的人生，是從你自己下定決心開始的。

【改變自己】

有很多人來到了普陀山，他回去未必會改變。

但如果你想改變自己，你會發現，從普陀山回去之後，你整個人生真的變光明了，變得很不一樣了。

不管是回到你的工作崗位或回到你的故鄉，你會有很多很不同的感受，你會發現你變了。你變了之後，你身邊所處的周遭事情也都開始改變了，變得不太一樣了。你會覺得普陀山對你幫助很大。

但其實最應該要感謝的，是你自己願意從回去開始，做一個新生的自己。

普陀山祈願行

【出發前言】

菩薩的話：

「此次祈福之行，念力集合，願力之深，不為一般祈福。

乃苦行，苦身，苦心，付出承擔，乘願之行。

余之所念力，汝之所行願，成就祈福行。

此祈福行，誦經祝禱，念念之深，求眾生平安，念念貫之，願力之集合。

利益他人，而不欲己。祈福眾生，而不利私。

聲聲祝福，深深祝福，菩薩全程守護。祈求願法宏揚，祈願為真。」

這次祈福之行，是念力的集合。願力之深，不像一般祈福一樣。

除了幫愛班同學寫在祈福卡上面的人祈福之外，還要幫這世界上所有的眾生祈福，也幫我們到了普陀山後，知道我們去那裡的無形眾生祈福。

幫大家祈福、祈願，沒有自己，不講自己的問題。把自己的痛都先放下來，我們都不痛了，因為此行就只是為了幫大家。不管自己痛不痛，也不管自己的問題，就是為了別人，只想為別人把祈福的事情做好。

大家有共同的願心、願力去做這樣的事情，不祈求個人的事情，只祈求別人的事情，祈求眾生之事。只希望這次祈願行都很棒，很圓滿！

菩薩提到，為什麼要做這件事情？

天災人禍愈來愈多。恐怖攻擊也好，爆炸也好，接下來的颱風、地震、災難愈來愈多時，我們都希望可以幫大家盡一點力量，希望可以多一些的平靜。

現在是末法時期，當佛法在宣揚時，魔法也會出來與之抗衡。

祂認為：「你佛法行，我魔法也行」。所以，有很多的地獄魔王也都出來了，這個空間的魔王也都出來了。祂們想要製造一些混亂，讓人心惶惶。

當人受到傷害，有的人就會變成想要傷害別人的那個人。

你的魔性一旦被挑起了，就輸了！你就跟著魔走了。

這是一個末法時期，我們要不斷的堅持住我們心中的善。

就算我們受到傷害了，我們還是不能夠忘記我們心中要堅持的那個善。

你只要不去害人，一切就隨緣吧！

現在是末法時期，出現了一批以魔為道的靈要來作亂。所以，你會發現恐怖攻擊、天災、各種災難特別多。

我們帶著這麼多東西，帶著這些祈願卡，希望真的可以幫助到所有的人。

今天我們幫忙祈求的，不是只有一年愛班這些同學們寫在祈福卡上的，我們還希望以祈福來幫助全世界的人。

你會說：「老師，你也太誇張了，我們需要這麼做嗎？」需要！

我們不知道我們可以做多少，因為也有別人在做這件事情。

今天不是只有我而已，今天是很多通靈、通觀世音菩薩的人都在世界各地分別做這件事情，我們其實只是被分派到一個很小的地方來做這件事情而已。

我們被分派到普陀山，有的人被分派到五台山、九華山……，各處都有！也都一起在做這件事情，大家都在祈願，都沒有在為自己，都在為別人祈福。所以，你會看到，在這段時間，各處的佛教聖地會辦很多祈福法會或祈福會，有些通靈者會直接帶著自己的朋友去。

不要以為這樣小小的力量，看起來沒有什麼。這個力量非常得大！

我們被分派到普陀山，是因為菩薩在中原示現時，普陀山是第一個地方。

我們在洛迦山要開啟佛塔，是因為我們要把自己的冤親債主，還有祈願卡裡面的冤親債主全部送上去，我們必須要送走祂們。

所以，我們需要全心全意、全神貫注的幫助別人。沒有自己！忘記自己！也不用擔心自己唱得多大聲或說什麼，以及別人會怎麼看。

我們沒有了自己，是因為我們只想要讓祂們趕快回家。

所以，請你放開你自己，放下自己，去做這件事情。

這世界上，有很多人不斷地為這世界在努力，很小很小的我們其實也可以很努力的做更大的事情。

不祈求別人感謝，只想到我們可以盡自己的力量去做一些事情。

【以願引行，以行填願；無緣大慈，同體大悲；聞聲其苦】

菩薩的話：

「此次普陀山，以願引行，以行填願。

普陀山祈願行，因為我們的願力而成就了此行。

用我們真實的行動力以及祈願力，來進行利他眾生的宏願。

將大家滿滿的祈福力量，透由苦行祈願來完成。

不說苦，不怕苦，引領眾生離苦得樂、拔苦而行，完成祈願祈福。

以願引行，以行填願。成就此行，不為己，而欲利他，不求己。

所以，放下自身苦痛、悲傷、難過、心結。沒有欲私，僅有利他。

放下感覺，正覺感受，用心觀，用智慧觀，聞聲其苦。為步步難，何為難？難自己？」

這次的祈願行，是以願引行，用我們的願力來牽成祈福行。

沒有自己，沒有希望自己要得到什麼。

這一次的願力真的是為了大家好！在臺灣時，我們讓很多朋友寫了祈福卡、祈願卡，這次是專程來幫大家祈福的。

很多人可能會有一個疑問：祈福就祈福，幹嘛要特別跑到普陀山？

這是因為菩薩希望我們用我們的願力，讓祂看見我們有多麼希望替別人祈福，把別人的事情當作自己的。

你們肩上所肩負的任務，不是一般人的。你可能會遇到很多的挫折，可能會遇到很多的艱辛、痛苦、困難。

幫大家祈福的過程，很辛苦，需要跪，需要拜，需要做很多的功課，甚至於晚上睡覺的時間，加起來沒有幾個小時，所以一定是辛苦的。

但我們都是因為有心想要幫大家，所以才會成這個行。

我們用我們的願力去引發、牽成祈願行，用我們的行動力去圓滿、牽成願力。

所以，大家是發願來幫大家的，絕對不是來看看菩薩而已。

你一定有一份覺得可以幫大家做什麼的那個力量而來的，這個力量就是菩薩所謂的「菩薩心腸」，就是所謂的「慈悲的力量」。

寫在祈福卡上跟你沒有任何因緣的人們的每一個名字，你都把它當作是自己的，這叫做「無緣大慈，同體大悲」。

你跟他們沒有任何的因緣關係，跟他們沒有任何的因果，但你願意替他們來承擔這個願力的執行，這就是「無緣大慈，同體大悲」。

成就此行，不是為了自己，而是想要利他，所以不求己。

在祈福的過程當中，你不用跟菩薩講：「菩薩，我叫什麼名字，我家住哪裡，我的生辰八字是什麼，我希望菩薩保佑我全家平安。」都不用。你只要祈求眾生，也包含了你自己。

雖然不求自己，只求他人，真心真意的為了他人而來，但你今天願意來，我相信，你絕對有心要完成某一份功課跟任務。所以，我們都不求己。

放下自身的苦痛。也許，你現在很痛苦，因經歷了某些事情；也許，你現在很悲傷；也許，你曾經有難過的時候；也許，你曾經跟某個人有心結，那個結一直放在你心中，你也許想祈求菩薩可以幫助你。

這個時候，在這幾天，你沒有想要為自己。你只有想要為他人，所以叫做「沒有欲私、僅有利他」。為了別人，沒有自己。

放下你的感覺，不要去感覺你感覺到了什麼。放下你的感覺，你沒有感覺，你只是為了來幫別人祈福的。你所有的心思都只是為了別人好，沒有自己，只希望大家都好。放下你的感覺，不要去感受你的悲傷。

正覺去感受什麼事情是對的、是錯的，用你的心去觀，用智慧觀。

為什麼叫觀世音菩薩？

觀世音菩薩用眼睛看、用耳朵聽，但著重在「觀」。菩薩用眼睛看，用智慧去看。有人哭，有人笑，有人需要幫忙的時候，菩薩都用看的，看這個人的作為，看這個人的做法，看這個人的一切，用觀的方式去辨別他到底有沒有慈悲，用智慧去綜合辨別這個人到底需不需要幫忙。所以，菩薩是用心觀，用智慧觀的。

「聞聲其苦」，就是只要有人稱念南無觀世音菩薩，菩薩就會示其身，現其法，示現來為這個人說法，為這個人尋求解脫。

修行這條路，步步難。為什麼這麼難？為什麼人生這麼難？是誰害了你？還是你自己為難了你自己？

【理解苦，才能放下苦】

接下來的功課，菩薩說：

「明知痛，硬要往痛裡鑽，訴苦，請引悲洩之，則慰之。痛離下，捨苦難。

觀己心，為何痛，訴之無懼。

你在害怕什麼？訓練自己堅強、無懼。無懼，欲懼則彌堅。無欲則剛，無欲而強。感同身受他人之苦，才能理苦、離苦。

檢視自己的苦、懼、悲，真放下，才能行願他人。

自己悲傷卻還能理解他人，把他人放在第一位。」

這個功課是很赤裸的，很直接的，告訴你的同伴，你在這一生當中，到今天為止，發生了什麼事情是讓你覺得最痛苦的？要很開誠布公的說。也許，你曾經傷害了某一個人；也許，你曾經遭受過背叛；也許，你離婚；也許，你自殺過；也許，你情傷；也許，你有很多很多痛苦的事情發生在你的身上。

你明知道痛，卻還要往痛裡面鑽，為什麼？何為難自己？

把這些苦都傾訴吧！訴苦，就是要完全的告訴對方，你為什麼覺得自己苦。

哪怕你現在覺得：「沒有啊！我哪有很苦？我很好。」請你放下堅強的外表，去告訴對方你苦在哪裡？

這個人也許了解你，或不了解你，盡可能地把你想說的都告訴他。你可以把他當作一個知己朋友，你也可以把他當作一個陌生人，他不會對你有任何的評論跟批評。你可以相信他，你可以相信你的同伴。

訴苦，真正的訴說你的苦痛。

請引悲洩之，請你盡情的說出你悲傷的事情，做一個宣洩，不需要再平淡，不需要再裝作若無其事，你可以說你的故事。

則慰之，讓你的同伴來安慰你，讓別人也有安慰你的機會。因為在安慰你的當下，那個人知道了你經歷的一切，他知道他該怎麼安慰你，他在學習他要怎麼樣安慰你，他在學習做一個菩薩，他在練習行菩薩道，所以，讓那個人安慰你。你絕對可以放心。

你告訴菩薩的祕密，菩薩不會說出去，所以，相信你的同伴是個菩薩。

當痛苦離下、離開的時候，你會捨棄自己的苦難。

觀看自己的心為什麼這麼痛，訴之無懼，告訴這個人，你不要有所害怕。告訴他你在害怕什麼，訓練自己要堅強，要無懼。

當你沒有害怕的時候，你就會愈來愈堅強了。

當你可以在一個人面前學習如何告訴他你的故事時，你已經愈來愈堅強了。記得，請以悲洩之，則慰之。你在行菩薩道。菩薩會給人很多的安慰，很多的慰藉，你就是在行菩薩道。

我們有很多的苦都訴之之後，當你沒有任何欲望時，無欲則剛，無欲則強。學習感同身受他人之苦，才能夠理解這個苦，才能夠分離這個苦，也才能夠讓這個人離開痛苦的過程。

也許他要哭很久，也許他有講不盡的往事，沒關係！菩薩是很有耐心的，祂會慢慢聽。也許你要聽到半夜，那也是應該的。你很累了，你還是要聽別人講完。菩薩有說祂要睡覺的嗎？所以你也是菩薩，你也會非常有耐心的慢慢聽，哪怕你一整個晚上都沒有睡覺。你知道怎麼樣安撫對方，因為菩薩是無時無刻、分分秒秒都在的，所以你也是。

記得，你要理解別人的痛苦，你也才能夠放棄這些悲苦。檢視自己的苦，檢視自己的害怕，檢視自己的悲傷。當你真正放下的時候，我們才能夠行願他人，我們才能夠成就要出發去普陀山的功課。

如果你自己還帶著許多的悲傷，帶著許多的害怕，你便沒有辦法為別人祈願。所以，你必須要完成自己的功課。

你帶著你的悲傷，帶著你的痛苦，你會只求自己的。因為你看到菩薩，你會告訴菩薩：「我好苦！菩薩先救我！」

但我們不是去祈求菩薩來救自己的，我們是要祈求菩薩來幫別人的，我們沒有自己。所以，請你真正的放下，你才能夠真的無私的去幫助他人。否則，你若總是想到自己的事情，當你看到菩薩，你會有自己的悲。所以，請你放下自己。

我們能不能圓滿地完成這次的祈願行，需要靠大家的同心協力！

我們第一站是洛迦山，洛迦山要走很多的階梯，路程是很辛苦的。在這麼酷熱，又這麼嚴峻，且有颱風的時間點，去做這件事情，這是一個非常辛苦的挑戰。

你要在大熱天，這麼累、這麼辛苦的去為這些人祈福，還要跪在那裡這麼久，這需要很大的願力，才能成就的。

而且，當你看到祈願卡上的名字，你不認識，根本不關你的事，那到底為什麼要幫他們祈福？因為你希望這些人好。你可能在一個祈福卡裡面看到一個人的故事，你很想要他好，就是這個願心、願力。

當自己悲傷，還能理解他人時，你已經把他人放在第一位了。

所以，把自己的悲傷忘記，還能去同理別人，這是很重要的。

其實，我們每一個人都很辛苦，沒有一個人不辛苦的。

但如果我可以放下自己的，去想到別人的，我就可以不苦了。

所以，請你們勇敢、認真的去面對自己的功課。

我希望你們在安慰別人的時候，請想一想，你若是菩薩，你會怎麼安慰他？

你應該是不會批評的，你會是全心全意包容這個人的。

所以，不管這個人犯了什麼錯，也許他以前殺過人、拿過小孩，都沒有關係，因為都不關你的事，你都是菩薩，你都會接受。這個人在你面前是好、不好，都是好的。因為菩薩沒有分別心，眾生需要祂的時候，祂都在。

我們一定要經歷過那個悲傷的過程，先把自己處理完畢，才能夠去進行真正要走的祈願行，因為那真的不容易。如果你有「自己」的話，我們的力量就不夠大了。這是你自己的功課，你不用對誰做交代，你只要對菩薩。

所以，很誠實的面對你自己，真心的去做這件事情。

這個動作是為了幫助你自己，放下你自己曾經有過的苦，你才能去幫別人。

我接到這個功課的時候，我已經大哭一場了，然後我告訴自己：「天哪！原來一直以來，我都在裝堅強，我根本就沒有很好。我應該要讓這個過程過去，才能幫到大家。」所以，每個人都是一樣的。

你們都認為我已經很好了，所以，我覺得我應該還要更好，我也要更真實的去面對我自己。

回歸自己，找回自己

有些人，其實迷失自己經很久了，一直不斷的背負著很多責任，去做超過自己能力可以負擔的事，過於嚴肅的去過自己的生活。

檢視自己，我們其實有很脆弱的一面，可是，我們被訓練成不可以也不能脆弱。

為了某些事情，我們好像被訓練得要堅強。你已經習慣了。

但是，你的本質可能不是那樣，你的本質可能有它想要有的樣子。

在漸漸失去自己之後，你想把失去的自己找回來，這需要花一點時間，或許一些歇斯底里的揭露，而且是你自己跟你自己。

雖然，我們的課程是跟別人分享的，但其實最終，真正知道答案的是你自己。

你可能有所保留，但你細心回想那些部分，在每一個生活的時刻當中，一定有很多觸動你的地方。

你想要把它找回來，需要花一點時間，需要一點勇氣。因為有時候，人不見得可以這麼自在，這麼真實的去面對你自己變成現在這個樣子。

花時間做一些尋找，你到底怎麼了？發生什麼事情？為什麼會變成這個樣子？試探性的去找。當然，可能也會看見自己的缺點。

回歸到自己，找回你自己。

普門品淺說

普門品淺說

很慶幸的，在二〇一六年七月份，帶著一年愛班的同學，去普陀山幫大家祈福，這一趟收穫很多，菩薩也藉著這次的行程，給我們上了許多課程。

尤其，其中有關普門品的淺說，總覺得應該要跟大家分享一下上課的內容，希望讓大家也有機會了解一下普門品。

在學習普門品之前，菩薩告訴我們關於佛法的真義。

菩薩說：佛法一切唯心，一切由心起。

佛法是為了求離苦、解脫，所以，必須要先了解苦從何而生？

慈悲是離苦最重要的根本。

我們在學習佛法的過程當中，最重要的是，要把握佛陀追求生命的真義，就像這本書著重在覺察生命的修行力，一樣的重要。

佛陀成佛，精神比行為更重要。

佛陀的真義，修行生活的重心是什麼？這才是重點，才是我們在學習佛法的過程中最重要的依歸。

佛法首重普渡眾生，首重「無緣而慈，同體大悲」。

跟我們沒有緣分的人，跟我們沒有任何因果關係的人，我們會因為他的悲傷而悲傷，我們會因為他的感受而感受。

我們會感同身受，同樣體會慈悲眾生，而有慈悲的行徑。

「以願引行，以行填願」。

因為有這樣的願力，聚集了祈願行，用我們的行動力，把別人想要祈求的事情真正化成了行動力。

菩薩一直再三的強調，人生命中的修行，很多時候，是為了他人而來的，而不是為己。

利他的誓願，一心想要為了他人而付出的宏大誓願，利他的功行，對別人有幫助的功德行為，利他的宏願，都代表著此祈福行的不可思議。

【妙法蓮華經觀世音菩薩普門品】

「**妙法**」：在這裡，是講不可思議的佛法。

所謂的佛法，有分為佛法、眾生法、人法。

佛法，佛有佛的佛法，有的時候，你要學佛，必須先從佛法開始了解。

妙法就是講不可思議的佛法、眾生法、人法（人人具有的本性，也稱為心法）。

「**蓮華**」：其實就是蓮花的意思。

為什麼要叫「蓮華經」？

很多的植物都是先開了花才結果，所以叫做開花結果。

但唯有蓮花是花瓣跟果實是同時存在的。

開花的同時，你可以看得到果實，看到蓮蓬子是一起的。是因為菩薩要示現佛法是因果並存的。你看得見因的時候，同時也看到了果。

「**蓮華經**」：因果並存的佛法，因果同論的一部經文。

「**經**」：是為了要指示眾生而產生的法品，衍生出來的法則。

蓮花，代表著出淤泥而不染。

所以，我們在宣揚佛法的同時，也希望人們可以根據佛法來調整自己的心性，回到出淤泥而不染的狀況。

就像人們有無明的煩惱，你必須在無明煩惱當中，見到自己的真心，見到自己的智慧。

唯有產生無明煩惱，你才能夠有智慧的產生。

唯有看見了煩惱無明，你才能夠知道，原來擁有智慧才能夠解決無明煩惱。

而無明煩惱的產生，就是因為人的貪嗔癡太多了，才會引起無明的煩惱。

所以，一念貪嗔癡，皆見因果。

「**觀世音菩薩普門品**」：妙法蓮華經，總共有七卷二十八品。妙法蓮華經觀世音菩薩普門品，是其中的一品而已。

「**觀**」：觀察其微妙的智慧，看見這個微妙的智慧，運用妙智，運用巧妙的智慧。

「**世**」：世間的菩薩正道，世間的正覺。

「**觀世音**」：菩薩觀其音聲，觀世間正知正覺的音聲。

「**菩薩**」：是菩提薩埵的意思，覺有情之意。

「**普**」：普通，普遍。

「**門**」：門道。

「**普門**」：處處可求，處處可見。千處祈求千處見。

「**品**」：只是妙法蓮華經七卷二十八品裡面的一個單位數。普門品是其中的

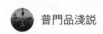

第二十五品。

●姚秦三藏法師鳩摩羅什奉詔譯

「**姚秦**」：五胡十六國時期的一個國家，一個朝代。

「**三藏**」：三藏不是指唐三藏，三藏是指經藏、律藏、論藏。

經藏：佛陀講的教理，要給眾生示現的。

律藏：佛陀有一些衍生的論述，談論人生的道理或戒律。

論藏：佛陀跟弟子在辯論的時候，他們會有一些論藏出現，一些文字上的紀錄。

「**法師**」：尊稱。模範，可講述經者。

「**鳩摩羅什**」：這位法師叫做鳩摩羅什。

「**奉詔譯**」：奉了旨意去翻譯。

●爾時，無盡意菩薩即從座起，偏袒右肩，合掌向佛，而作是言：「世尊！觀世音菩薩以何因緣，名觀世音？」

「**爾時**」：當時。

「**無盡意菩薩**」：一位菩薩的尊稱。這位菩薩為何稱為無盡意菩薩？因祂的慈悲無限量，祂的願力無限量，祂的法力無限量，祂是一位心意無限量的菩薩。

「**無盡意菩薩即從座起**」：當時，佛陀跟弟子們在講述其他的經文，講完時，無盡意菩薩從他自己的座位上站起來。

「**偏袒右肩**」：你會發現法師們都是左肩披著袈裟，右肩沒有袈裟，是夾起來的。偏袒右肩是非常恭敬的一個姿態，尤其在天界來講，這是表示恭敬的。金剛經當中也有「偏袒右肩」這個詞彙。

「**合掌向佛**」：在這裡，佛是指釋迦牟尼佛。無盡意菩薩合掌對著佛，祂請求釋迦牟尼佛。

「**即從座起，偏袒右肩，合掌向佛，而作是言**」：無盡意菩薩在講話之前，身（即從座起偏袒右肩）、意（合掌向佛）、口（而作是言）三業都是清淨的。

【淨身口意】

我到普陀洛迦山唸金剛經之前，在前幾天我只有吃水果跟喝水，可是，我竟然一直不斷的拉肚子。

到了隔天，要唸金剛經時，我才知道，原來，若要幫別人祈福或做法事，持金剛經的人要在前三天或前幾天淨身口意，三業都要淨。所以，這時候，全部都會清乾淨。

我後來發現，原來我不是拉肚子，原來是在清，因為身口意三業都要清淨。

「**世尊！觀世音菩薩以何因緣，名觀世音？**」

「**世尊**」：這一部經裡面的世尊是指釋迦牟尼佛。

其他部經要看，有的時候是阿彌陀佛。一般佛陀尊稱，在經文裡面，就會講「世尊」。

無盡意菩薩就跟釋迦牟尼佛說：觀世音菩薩是什麼樣的因緣，為什麼要叫做觀世音？

無盡意菩薩在這時候，不是不知道為什麼觀世音菩薩要叫做觀世音菩薩。祂是刻意、故意問這句話的。

其實，祂本來就知道觀世音菩薩為什麼叫做觀世音菩薩。祂想要彰顯觀世音菩薩慈悲靈感度救眾生。

為了讓大家都知道，因緣所生，祂是刻意在佛陀面前，再問一次為什麼名叫觀世音菩薩，希望可以得到世尊更棒、更好的解釋，讓更多的菩薩跟眾生知道觀世音菩薩名號的由來。

所有的佛法都是因緣佛法，都是有因有緣的，都是有原因的，才會用佛法來教化眾生。

●佛告無盡意菩薩：善男子！若有無量百千萬億眾生受諸苦惱，聞是觀世音菩薩，一心稱名，觀世音菩薩即時觀其音聲，皆得解脫。

「**佛告無盡意菩薩**」：佛陀告訴無盡意菩薩。

「**善男子**」：這裡不是指無盡意菩薩是位男的。菩薩之間沒有男女之分。善男子是對祂的一個尊稱。所謂的善，在這裡是指祂的本質是非常善良的。

「**諸苦惱**」：種種的苦痛、煩惱。

「**聞是觀世音菩薩**」：只要聽到觀世音菩薩。

「**一心稱名**」：不生其他的念頭，專心一致，心要清淨，而且心定，無所懷疑的一心稱名觀世音菩薩。

「**即時**」：求的當下，你當下在唸觀世音菩薩的時候。

「**皆得解脫**」：馬上就可以得到解脫了。解脫、救苦的對象，包含了各種的苦惱、各種的苦痛，希望菩薩能夠救你。

這樣子講，是為了要彰顯菩薩能解救他人的神力。

「**一心稱名，觀世音菩薩即時觀其音聲，皆得解脫**」：所以你要懂得求，要懂得主動的尋求菩薩的幫助。

●若有持是觀世音菩薩名者，設入大火，火不能燒，由是菩薩威神力故。

假使有人持觀世音菩薩的聖號，假設到了大火裡面，也不會被大火燒傷，是因為菩薩神威力廣的緣故。

在日本，以前發生了大地震，因而引起火災，當時有很多人都沒地方去，無處可逃，很多人就躲到了淺草觀音寺，那時候，這間廟內外擠了三萬人，全部都躲在觀世音菩薩的佛寺。

因為那些人都一心稱念觀世音菩薩，希望菩薩保佑他們，最後火燒到觀音寺的時候就停了，他們就得以得救。所以，那個淺草觀音寺在那次的地震、大火裡，救了三萬個人。

●若為大水所漂，稱其名號，即得淺處。

如果是大水來了，而導致你漂流到其他地方，你只要稱觀世音菩薩名號，就可以馬上到達淺處。

這是因為菩薩的慈悲天性，而一切眾生心中皆有良知善性，而菩薩有慈悲之故，所以只要你呼求觀世音菩薩聖號，皆有所得。

●若有百千萬億眾生，為求金、銀、琉璃、硨磲、瑪瑙、珊瑚、琥珀、真珠等寶，入於大海，假使黑風吹其船舫，飄墮羅剎鬼國，其中若有乃至一人稱觀世音菩薩名者，是諸人等皆得解脫羅剎之難，以是因緣，名觀世音。

「**為求金、銀、琉璃、硨磲、瑪瑙、珊瑚、琥珀、真珠等寶**」：琉璃是青色的寶，硨磲是白色的寶，瑪瑙是紅色的寶，琥珀是千年的松香，真珠是在海裡面的寶。這七種叫做珍奇七寶。很多世間眾生都為了尋求這些七寶並爭搶。

「**黑風**」：在這裡指怪風、鬼風、大風。

「**船舫**」：船是小的，舫是大的。

「**羅剎**」：食人鬼，會吃人的鬼，會吃鬼的鬼。

「**假使黑風吹其船舫，漂墮羅剎鬼國**」：假使怪風、鬼風這種奇怪的風想要把大船、小船都吹走，吹到哪裡呢？漂流、墮落到那些食人鬼的鬼國。

「**其中若有乃至一人稱觀世音菩薩名者，是諸人等皆得解脫羅剎之難，以是因緣，名觀世音**」：但是，如果其中只有一個人在船上稱念觀世音菩薩聖號，這些人就可以得到解脫，脫離羅剎之難。

因為這樣的因緣，所以名為觀世音。

因為菩薩是平等、慈悲的，因此，就算是只有一個人稱念，全船的人都將得以獲救。

●**若復有人臨當被害，稱觀世音菩薩名者，彼所執刀杖尋段段壞，而得解脫。**

如果這時候，正當有人面臨被加害，只要你持觀世音菩薩聖號，這個惡人所

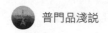

執的刀杖就會馬上崩解、毀壞，而得到解脫。

「**尋**」：即刻，馬上。

●若三千大千國土滿中夜叉羅刹，欲來惱人，聞其稱觀世音菩薩名者，是諸惡鬼尚不能以惡眼視之，況復加害？

假設三千大國國土當中，滿滿的都是飛行輕快的惡鬼、非常暴惡的食人鬼，想要來惱怒你、害你，趕快稱念觀世音菩薩的聖號，諸鬼就不能夠用祂恐怖的眼睛來看你，祂會看不見你，祂看不到，你就在祂眼前隱形了，祂沒辦法看到你，又何況想要加害於你？

「**夜叉**」：飛行輕快的惡鬼。

「**羅刹**」：非常暴惡、非常惡劣、非常壞的食人鬼、食鬼的鬼。

「**惡眼**」：恐怖的眼睛。

●設復有人，若有罪、若無罪，杻械、枷鎖檢繫其身，稱觀世音菩薩名者，皆悉斷壞，即得解脫。

如果有人，有的人有罪，有的人沒有罪，他被手銬腳鐐銬住了，只要稱念觀世音菩薩，那些手銬腳鐐都會馬上毀壞。

那這樣，壞人怎麼辦？

它的意思是，他不要被這樣綁住受苦。

他有罪，他還是要去承擔他自己犯的因果，但他不會這樣被受限住。

●若三千大千國土滿中怨賊，有一商主，將諸商人，齎持重寶，經過險路，其中一人作是唱言：「諸善男子！勿得恐怖，汝等應當一心稱觀世音菩薩名號，是菩薩能以無畏施於眾生。汝等若稱名者，於此怨賊當得解脫。」眾商人聞，俱發聲言：「南無觀世音菩薩！」稱其名故，即得解脫。

「怨賊」：要殺害生命的這些賊。

「**險路**」：很害怕、很恐怖的路途。

「**有一商主，將諸商人，齎持重寶，經過險路**」：有一個商人、做生意的主腦，帶領這些商人，拿著貴重的寶物，經過這些很害怕、很恐怖的路途。

「**其中一人作是唱言：「諸善男子！勿得恐怖，汝等應當一心稱觀世音菩薩名號，是菩薩能以無畏施於眾生**」：只要有一個人站出來倡言說明：「我們這些人哪！不要恐怖，大家不要害怕了。

只要你們一心稱念觀世音菩薩名號，觀世音菩薩是以無畏施於眾生，菩薩是施無畏、無畏施，祂不害怕，祂施予眾生滿滿精神上的安慰力量，讓人在精神上得到安慰。

「**眾商人聞，俱發聲言：『南無觀世音菩薩！』稱其名故，即得解脫**」：眾商人就大喊說「南無觀世音菩薩」，結果馬上就得到解脫了。

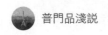

●無盡意！觀世音菩薩摩訶薩威神之力，巍巍如是。

這時候，佛陀就說了：無盡意菩薩！你看！觀世音菩薩這位大菩薩，祂的神力這麼大！有大慈悲，大道心，大願力，大行門，大無畏，大功德，大神通，大妙用。你看！這些大功德，都是這樣如此的神力、神威。

「**摩訶薩**」：大菩薩的尊稱。

「**觀世音菩薩摩訶薩**」：為了要尊稱觀世音菩薩是一位大菩薩。

●若有眾生多於淫欲，常念恭敬觀世音菩薩，便得離欲；若多瞋恚，常念恭敬觀世音菩薩，便得離瞋；若多愚癡，常念恭敬觀世音菩薩，便得離癡。

如果有眾生沉浸在淫欲之間，只要常唸觀世音菩薩，就可以得到感應，脫離欲念。如果有憤怒的心理，愛批評別人，只要唸觀世音菩薩，就可以捨棄憤怒的心。

有時候不明事理，或是被人迷惑，有時候顛倒因果，沒有自己判斷的能力，常恭敬唸觀世音菩薩，就便得離癡。

「**貪、嗔、癡**」：三毒。

「**瞋恚**」：憤怒的心理，愛批評別人。

「**愚癡**」：心地昏暗，不明事理，無明煩惱，被人迷惑，顛倒因果，沒有自己判斷的能力。

●**無盡意！觀世音菩薩有如是等大威神力，多所饒益，是故眾生常應心念。**

無盡意菩薩呀！觀世音菩薩有如上面所說的大威神力，多到不能再多，多到豐饒利益、很多利益，所以，眾生應該要常常在心裡面稱念南無觀世音菩薩。

●**若有女人設欲求男，禮拜供養觀世音菩薩，便生福德智慧之男；設欲求女，便生端正有相之女，宿植德本，眾人愛敬。**

如果有女人想要求男孩，應該要禮拜供養觀世音菩薩，就會生一個有福德智慧的男孩。如果想要求女孩，就會生出一個端正、有好相、長得漂亮的女孩子，這孩子有累世的恩德福報，受人敬愛。

「**宿植德本**」：累世的恩德福報。「**宿**」：累世。「**德**」：善行。

●無盡意！觀世音菩薩有如是力，若有眾生恭敬禮拜觀世音菩薩，福不唐捐；是故眾生皆應受持觀世音菩薩名號。

無盡意菩薩呀！觀世音菩薩的力量是非常大的。

所以，如果有眾生恭敬禮拜觀世音菩薩，他的福氣功德絕對不會空空的徒勞無功，絕對不會捐出去就沒有什麼收穫，一定是會非常有收穫的。

所以，眾生都應該稱念觀世音菩薩的聖號。

「**唐捐**」：空空的，徒勞無益，捐出去就沒有什麼收穫。

「**受持**」：稱念。

●**無盡意！若有人受持六十二億恆河沙菩薩名字，復盡形供養飲食、衣服、臥具、醫藥。於汝意云何？是善男子、善女人功德多不？無盡意言：「甚多！世尊！」**

無盡意菩薩呀！如果有人在這時候稱念六十二億恆河沙菩薩名字，又給菩薩四事供養，這四事供養包含了供養飲食、衣服、臥具跟醫藥。你覺得這心意如何？功德如何？善男子、善女子功德多不多呢？

無盡意菩薩說：「世尊啊！很多！很多！這樣子供養菩薩，功德是非常多的。」

●**佛言：「若復有人受持觀世音菩薩名號，乃至一時禮拜供養，是二人福，正等無異，於百千萬億劫不可窮盡。無盡意！受持觀世音菩薩名號，得如是無量無邊福德之利。」**

「**正等無異**」：平等沒有差別。

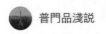

釋迦牟尼佛就說了：如果有人受持觀世音菩薩名號，乃至只是一時禮拜供養，跟受持六十二億恆河沙菩薩名字復盡形供養飲食的人，他們這兩個人福德都是不會有差別的。

這裡是要大家真心供養，真心禮拜，其所受的功德都是一樣的。既然功德都是一樣的，是無法窮盡，享受不盡的。

無盡意菩薩呀！受持觀世音菩薩聖號，就如同得到這樣無量無邊祝福的福德一樣。這裡的說明，是為了要顯示唸觀世音菩薩聖號功德的殊勝。

●**無盡意菩薩白佛言：「世尊！觀世音菩薩云何遊此娑婆世界？云何而為眾生說法？方便之力，其事云何？」**

「**娑婆世界**」：人世間。

「**遊此娑婆世界**」：因為為了要教化眾生，所以，菩薩穿梭在我們人世間，是非常來去自如的。

你一稱念菩薩聖號，菩薩馬上就到，不管在何時何地。

「**遊此娑婆世界、為眾生說法、方便之力**」，菩薩身業、口業、意業。

無盡意菩薩就跟佛陀說：「世尊呀！觀世音菩薩怎麼樣悠遊來去自如在娑婆世界當中，而為眾生說法呢？」

菩薩用了最能夠讓眾生明白與適應眾生法的方式來帶領大家認識佛法。

教化眾生是方便因緣，隨緣而度化。

●佛告無盡意菩薩：善男子！若有國土眾生應以佛身得度者，觀世音菩薩即現佛身而為說法。

佛陀告訴無盡意菩薩說：菩薩是為了採取教化之方便法門，你需要什麼樣的菩薩靠近你，你想要得到什麼樣的幫助，菩薩就會變成那個樣子來幫助你。

例如說，應該要以佛身得度者，菩薩就會化身佛，然後為你說法。

只要你需要觀世音菩薩時，菩薩都會顯現你需要的面向來幫助你。

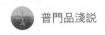

●應以辟支佛身得度者，即現辟支佛身而為說法。

「**辟支佛**」：獨覺、緣覺。

●應以聲聞身得度者，即現聲聞身而為說法。

「**聲聞**」：聽佛說四諦真法，而悟道的阿羅漢。

●應以梵王身得度者，即現梵王身而為說法。

「**梵王**」：色界梵天的天王。

●應以帝釋身得度者，即現帝釋身而為說法。

「**帝釋**」：忉利天為主。

●應以自在天身得度者，即現自在天身而為說法。

「**自在天身**」：天王、魔王。

●應以大自在天身得度者，即現大自在天身而為說法。

「**大自在天身**」：色界最上一層天。

●應以天大將軍身得度者，即現天大將軍身而為說法。

「**天大將軍**」：降福除災大護法。

●應以毘沙門身得度者，即現毘沙門身而為說法。

「**毘沙門**」：是多聞天王，祂是一個一直都不斷運用智慧在聽別人說話的天王。

「應以梵王身得度者，即現梵王身而為說法；應以帝釋身得度者，即現帝釋

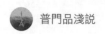

身而為說法；應以自在天身得度者，即現自在天身而為說法；應以大自在天身得度者，即現大自在天身而為說法；應以天大將軍身得度者，即現天大將軍身而為說法；應以毘沙門身得度者，即現毘沙門身而為說法」。

●應以小王身得度者，即現小王身而為說法。

「**小王**」：各國國王。

●應以長者身得度者，即現長者身而為說法。

●應以居士身得度者，即現居士身而為說法。

●應以宰官身得度者，即現宰官身而為說法。

●應以婆羅門身得度者，即現婆羅門身而為說法。

「**婆羅門**」：印度種族。

●應以比丘、比丘尼、優婆塞、優婆夷身得度者，即現比丘、比丘尼、優婆塞、優婆夷身而為說法。

「比丘、比丘尼、優婆塞、優婆夷」：四眾弟子，指一般的眾生。

「優婆塞、優婆夷」：近事男、近事女。近事，親近事奉三寶。

●應以長者、居士、宰官、婆羅門婦女身得度者，即現婦女身而為說法。

●應以童男、童女身得度者，即現童男、童女身而為說法。

●應以天、龍、夜叉、乾闥婆、阿脩羅、迦樓羅、緊那羅、摩睺羅伽、人、非人等身得度者，即皆現之而為說法。

●應以執金剛神得度者，即現執金剛神而為說法。

●無盡意！是觀世音菩薩成就如是功德，以種種形，遊諸國土，度脫眾生，是故汝等應當一心供養觀世音菩薩。是觀世音菩薩摩訶薩於怖畏急難之中，

能施無畏，是故，此娑婆世界皆號之為施無畏者。

無盡意菩薩呀！是觀世音菩薩成就這樣的功德，以各種不同的形象，遊諸國土，度脫眾生。所以，你們應當要一心的供養觀世音菩薩。

觀世音菩薩摩訶薩這位大菩薩呀！於這些怖畏急難當中，祂能夠施無畏。所以，這個娑婆世界都稱祂為施無畏的大菩薩，什麼都不害怕，穿梭在這個娑婆世界來去自如，只希望能夠幫助眾生尋求解脫。

「**摩訶薩**」：大菩薩。

「**娑婆世界**」：人世間。

●**無盡意菩薩白佛言：「世尊！我今當供養觀世音菩薩。」即解頸眾寶珠瓔珞，價值百千兩金，而以與之，作是言：「仁者！受此法施珍寶瓔珞。」時觀世音菩薩不肯受之。無盡意復白觀世音菩薩言：「仁者！愍我等故，受此瓔珞。」**

這時候，無盡意菩薩就說：「世尊！我現在就要供養觀世音菩薩。」

於是，祂馬上就要把自己頸子上面的珠寶瓔珞解下來，送給觀世音菩薩。

祂很禮敬觀世音菩薩，祂很想要供養觀世音菩薩，就跟觀世音菩薩說：「這麼好的神明，請接受這個！」但是，觀世音菩薩不肯接受。

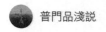

無盡意菩薩又跟觀世音菩薩說：「請菩薩憫憐我們，您應該要接受我這個瓔珞的，應該的！」

「**瓔珞**」：一顆一顆的珠珠項鍊。

●爾時，佛告觀世音菩薩：「當愍此無盡意菩薩及四眾、天、龍、夜叉、乾闥婆、阿修羅、迦樓羅、緊那羅、摩睺羅伽、人、非人等故，受是瓔珞。」即時，觀世音菩薩愍諸四眾及於天、龍、人、非人等，受其瓔珞，分作二分：一分奉釋迦牟尼佛，一分奉多寶佛塔。

這時候，佛就告訴觀世音菩薩說：「祢應該要接受無盡意菩薩跟四眾他們要供養祢的東西。」但是，觀世音菩薩還是不想要接受，於是，祂把這個瓔珞分為兩份，一份供奉釋迦牟尼佛，另一份就把它供奉在多寶佛塔裡面。

祂自己本身是不要的，祂婉拒了。

菩薩真的不需要任何人用各種不同的敬意來表示你對祂的崇拜跟感謝。所以，你們很少聽到我跟你們說你要去謝謝菩薩，要拜什麼，只要是自己的心意就好。

●**「無盡意！觀世音菩薩有如是自在神力，遊於娑婆世界。」**

佛陀說話了：「無盡意菩薩呀！觀世音菩薩有如是自在神力，遊於娑婆世界。」

●**爾時，無盡意菩薩以偈問曰：**

這時候，無盡意菩薩就開始針對祂剛剛問的這一件事情「為什麼觀世音菩薩要叫做觀世音菩薩」，提了詩文，做了一個偈。

所以，這就是後面的普門品偈。

如果你在持普門品的時候，你真的沒有太多時間可以從爐香讚開始唸的話，那就從普門品偈開始唸，這才是真正普門品的正文。

世尊妙相具，我今重問彼，佛子何因緣，名為觀世音。
具足妙相尊，偈答無盡意，汝聽觀音行，善應諸方所。
弘誓深如海，歷劫不思議，侍多千億佛，發大清淨願。
我為汝略說，聞名及見身，心念不空過，能滅諸有苦。

假使興害意，推落大火坑，念彼觀音力，火坑變成池。
或漂流巨海，龍魚諸鬼難，念彼觀音力，波浪不能沒。
或在須彌峰，為人所推墮，念彼觀音力，如日虛空住。

或被惡人逐，墮落金剛山　念彼觀音力　不能損一毛。
或值怨賊繞，各執刀加害，念彼觀音力，咸即起慈心。
或遭王難苦，臨刑欲壽終，念彼觀音力，刀尋段段壞。
或囚禁枷鎖，手足被杻械，念彼觀音力，釋然得解脫。
咒詛諸毒藥，所欲害身者，念彼觀音力，還著於本人。
或遇惡羅剎，毒龍諸鬼等，念彼觀音力，時悉不敢害。
若惡獸圍繞，利牙爪可怖，念彼觀音力，疾走無邊方。
蚖蛇及蝮蠍，氣毒煙火然，念彼觀音力，尋聲自迴去。
雲雷鼓掣電，降雹澍大雨，念彼觀音力，應時得消散。
眾生被困厄，無量苦逼身，觀音妙智力，能救世間苦。
具足神通力，廣修智方便，十方諸國土，無剎不現身。
種種諸惡趣，地獄鬼畜生，生老病死苦，以漸悉令滅。
真觀清淨觀，廣大智慧觀，悲觀及慈觀，常願常瞻仰。

無垢清淨光，慧日破諸暗，能伏災風火，普明照世間。
悲體戒雷震，慈意妙大雲，澍甘露法雨，滅除煩惱焰。
諍訟經官處，怖畏軍陣中，念彼觀音力，眾怨悉退散。
妙音觀世音，梵音海潮音，勝彼世間音，是故須常念。
念念勿生疑，觀世音淨聖，於苦惱死厄，能為作依怙。
具一切功德，慈眼視眾生，福聚海無量，是故應頂禮。

爾時，持地菩薩即從座起，前白佛言：「世尊！若有眾生聞是觀世音菩薩品自在之業，普門示現神通力者，當知是人功德不少。」

●佛說是普門品時，眾中八萬四千眾生，皆發無等等阿耨多羅三藐三菩提心。

「阿耨多羅三藐三菩提」是為梵語，乃是佛陀所覺悟的智慧，含有平等、圓滿的意思，也可稱為大智慧。乃是至高無上的佛道。

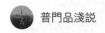

{好書推薦。}

智在心靈 033

無常人生覺有情

暢銷作家　黃子容 著

情緣悟了，緣覺醒了
才知你我情緣就在這無常間，
來去有覺，緣覺有情
有了靜心，我們才有覺醒的瞬間
找出靈性的自覺，世間有情
無常人生覺有情

{好書推薦。}

智在心靈 034

念轉運就轉15
智慧錦囊

暢銷作家　黃子容 著

人生智慧，我們永遠學習不完
智慧錦囊，我們渴望如及時雨
在我們的生活當中
開啟智慧，驗證菩提

{好書推薦。}

智在心靈 035

感恩那些，
我一輩子都學不會的事

暢銷作家　黃子容 著

我不一定要贏，
也不一定要感功，
不一定要配合別人而改變自己，
更不一定要贏得大家讚美，
我可以是我自己。

感恩那些，我一輩子都學不會的事。

{好書推薦。}

智在心靈 036

念轉運就轉16
爲自己而活

暢銷作家 黃子容 著

為自己而活是一種美好的生活方式，
不是捨棄他人，也不是不食人間煙火或與他人隔絕，
而是更積極的知曉生活的方式，渴望得到更圓滿的人生。

當你找回了自己，了解自己的內在，
你會愛上這樣的你，
你會開始改變現在的生活態度，
擁有更積極創造力的能量，
實踐真正你所謂的美好人生。

{好書推薦。}

智在心靈 037

與菩薩對話4
觀自在

暢銷作家 黃子容 著

能觀心，觀自身，
只求簡單單純，追尋心靈的平靜，
觀心，心意千變萬化，順應之。
只求平常心看待生活中的一切，
何處不自在呢？
人身自在，心自在，
處處皆能觀自在。

{好書推薦。}

智在心靈 038

靜心十分鐘，
找回平靜的自己

暢銷作家 黃子容 著

靜心下來，幫助你找回真實的自己，
從靜心當中，看見自己的欲望，
看清人性的真相，
學習靜心之後，找回平靜的你。

國家圖書館出版品預行編目資料

念轉運就轉. 17, 覺察生命的修行力 / 黃子容著.
-- 初版. -- 新北市 : 光采文化，2016. 08
面 ； 公分. -- (智在心靈 ； 39)
ISBN 978-986-6676-81-9(平裝)
1. 人生哲學 2. 修身
191.9 105014114

智在心靈 039
念轉運就轉17 覺察生命的修行力

作　　者　黃子容
主　　編　林姿蓉
封面設計　顏鵬峻
美術編輯　陳鶴心
校　　對　黃子容、林姿蓉
出 版 者　光采文化出版事業有限公司
新北市永和區中正路454巷6-1號1F
電話：(02) 2926-2352
傳真：(02) 8942-1659
http://www.loveclass520.com.tw
法律顧問　林鈺雄律師事務所　林鈺雄律師
製版印刷　皇輝彩藝印刷事業有限公司

2016年08月初版

總經銷：大和書報圖書股份有限公司
地　址：新北市新莊區五工五路二號
電　話：(02) 8990-2588
傳　真：(02) 2290-1658

定價 280 元　ISBN 978-986-6676-81-9
Printed in Taiwan

luminosity
luminosity luminosity luminosity
luminosity luminosity luminosity luminosity
luminosity luminosity luminosity luminosity
luminosity luminosity luminosity luminosity
luminosity luminosity luminosity luminosity
luminosity luminosity luminosity luminosity
luminosity luminosity luminosity luminosity
luminosity luminosity luminosity luminosity

luminosity